Les clés de l'audit certification

ISO 45001

www.afnor.org/editions

F. Adam, M. Aubrun, B. Denis,
O. Graffin, P. Koralewski,
M.-H. Lefebvre,
S. Lesage, F. Mounier,
S. Pérignon Schmitt, B. Poirier,
C. Richard

Les clés de l'audit certification ISO 45001

afnor ÉDITIONS

Vous voulez nous faire partager
une remarque ou une suggestion ?
Contactez-nous :
fabrication-editions@afnor.org

ISBN 978-2-12-465731-5
Édition : Dominique Cohen, Gilda Masset
Création de maquette et mise en page : Gilda Masset
Fabrication : Philippe Malbec

Crédit photo : Adobe Stock, 2020

AFNOR – 11, rue Francis de Pressensé, 93571 La Plaine Saint-Denis Cedex
Tél. : +33 (0) 1 41 62 80 00 – www.afnor.org/editions

Préambule

Ce guide a été rédigé initialement à l'attention des auditeurs d'AFNOR Certification. Il a pour objectif de donner à tous les auditeurs, actuels et futurs, la vision d'AFNOR Certification sur les principaux acquis, les renforcements et les nouveautés de la norme ISO 45001:2018. Ceci afin que tous les auditeurs disposent, en complément de la formation spécifique qu'ils ont reçue, d'une approche harmonisée et partagée des nouvelles exigences et de leur auditabilité.

Ce guide se veut être un outil pragmatique. Dans une première partie, il reprend l'approche, la posture de l'auditeur, dans une seconde partie, il détaille sous la forme synthétique d'un tableau :

- des questions à poser en audit ;
- des modes de preuve possibles à collecter ;
- des éléments de posture et d'enjeu de l'audit pour chaque exigence.

NOTE

> En complément de ce guide, des fiches pratiques sont accessibles sur le site Internet https://fichespratiques.afnor.org

Ces fiches sont les doctrines détaillées d'AFNOR Certification sur les exigences les plus complexes à interpréter et à auditer.

Remerciements

Nous tenons à remercier toutes les personnes ayant contribué à l'élaboration de ce guide : les membres du groupe d'Experts du Groupe AFNOR piloté par Olivier Graffin :

- Bertrand Denis
- Patrice Koralewski
- Marie-Hélène Lefebvre
- Sandrine Pérignon Schmitt
- Christophe Richard
- Merylle Aubrun
- Fabrice Adam
- Séverine Lesage
- Béatrice Poirier
- Frédéric Mounier

Sommaire

Introduction

La norme internationale ISO 45001 - *Système de management de la santé et de la sécurité* est la première norme internationale proposant un cadre pour le management de la santé et de la sécurité au travail (S&ST). Elle conduit à développer une culture de la prévention, renforcée par rapport à l'OHSAS 18001, qui était plutôt orientée vers la résolution des problèmes constatés, et positionne la S&ST comme un enjeu stratégique pour la direction de l'organisme.

Cette norme repose sur quatre grands principes :

- l'amélioration continue selon le PDCA (Planifier, Réaliser, Évaluer, Améliorer, dans sa traduction française), permettant d'avoir une méthode structurée et de mettre en œuvre les solutions les plus adaptées et pérennes pour organiser les activités et résoudre les problèmes ;
- l'approche processus afin d'obtenir de manière plus efficace et efficiente les résultats attendus ;
- le pilotage par les risques (et opportunités) pour contribuer à la maîtrise des activités et réduire les impacts et effets indésirables ;
- les principes généraux de prévention européens selon la directive-cadre de 1989 (89/391/CEE).

Elle vise à aider les organismes à atteindre les résultats recherchés pour leur système de management de la S&ST (SM S&ST) et notamment à satisfaire aux exigences légales et autres exigences, mais aussi à améliorer les performances des organisations en matière de :

- préservation de la santé physique, psychologique et mentale des travailleurs ;
- maîtrise des risques ;
- prévention des traumatismes et/ou pathologies ;
- ainsi que la mise à disposition de lieux de travail sûrs et sains.

La norme ISO 45001 ne comporte pas de prescription en matière de performance en S&ST et permet donc à deux organismes ayant des activités similaires, mais des performances en S&ST différentes de pouvoir être toutes deux conformes à ces exigences.

Elle peut être considérée comme un outil structurant le déploiement d'une démarche en S&ST au sein d'un organisme.

Pourquoi cette nouvelle norme

Issue d'un travail collaboratif au sein de l'ISO (4 ans de débats - 60 pays - plus de 90 experts), la norme ISO 45001 vient confirmer les bonnes pratiques de l'OHSAS 18001, les principaux principes de l'ILO-OSH et s'appuie sur le socle commun des systèmes de management depuis 2015 autour des mêmes dix chapitres (HLS[1]).

Cette norme a pour but d'aider les organismes à améliorer la sécurité des travailleurs, à réduire les risques sur le lieu de travail et à créer des conditions de travail meilleures et plus sûres dans le monde entier.

Chaque jour, plus de 7 600 personnes dans le monde perdent la vie des suites d'un accident du travail ou d'une maladie professionnelle - soit plus de 2,78 millions de décès par an[2]. Compte tenu des pertes liées aux départs anticipés, à l'absentéisme et à la hausse des primes d'assurance qui en découlent, les maladies ou accidents liés au travail représentent un fardeau important pour les employeurs comme pour l'économie au sens large.

Les démarches engagées (principalement *via* l'OHSAS 18001) demeureront pertinentes et ne seront pas totalement bouleversées car les bases et les principes fondamentaux sont communs :

- objectif final inchangé : maîtriser et prévenir les risques en santé et sécurité au travail au sein des organismes ;
- norme suffisamment générique et « agile » pour s'adapter à tous les types d'organisme, quelles que soient leur taille, leur activité ou leur statut ;
- maintien du principe d'un outil destiné à améliorer le management en santé et sécurité au travail et les performances associées (sans définir de niveau) ;
- engagement et évaluation de conformité réglementaire ;
- prévention des accidents et des maladies professionnelles.

Cependant, la norme ISO 45001, *via* l'adoption de la HLS et l'évolution des attentes sociétales, amène les organismes à aller plus loin dans leur approche en santé et sécurité au travail :

- prise en compte de l'organisme dans son écosystème ;
- priorisation des actions au regard des risques, des opportunités et des choix stratégiques propres à l'organisme ;

1 *High Level Structure.*
2 Source : Organisation internationale du travail.

- engagement de la direction (*leadership*) mis au centre de la démarche en S&ST ;
- mise en place d'une démarche consultative et participative devant favoriser l'implication des travailleurs et donc le développement d'une culture S&ST ;
- meilleure écoute des parties intéressées pertinentes ;
- élargissement du périmètre d'application du SM S&ST *via* :
  - la prise en compte de tous les travailleurs réalisant des activités sous le contrôle de l'organisme et des personnes pouvant être impactées par les activités de l'organisme,
  - et l'intégration des processus externalisés dans le SM S&ST.

Autant de nouveautés qui permettent à la norme ISO 45001 de s'aligner avec les enjeux de la responsabilité sociétale et de la norme ISO 26000, avec les autres normes de systèmes de management et notamment le triptyque Qualité – Sécurité – Environnement (ISO 9001, ISO 45001, ISO 14001) et sur les pratiques réelles des organismes à travers le monde.

L'approche de l'audit

Les référentiels de systèmes de management (ISO 9001, 14001, 26000, 45001, 50001, etc.) ont été harmonisés et disposent à présent d'une structure commune (HLS). Cette évolution a pour objectif de favoriser les démarches combinées en management et, ainsi, garantir un meilleur alignement des politiques avec la stratégie des organismes.

Dans cette logique, la norme ISO 45001 invite les organismes à analyser le contexte dans lequel ils évoluent (enjeux internes et externes) et à élargir leur réflexion aux principales parties intéressées qui pourraient avoir une influence sur leurs activités.

Enfin, elle incite à une meilleure prise en compte des risques et des opportunités, permettant d'adapter la démarche en S&ST pour mieux servir la stratégie de l'organisme, maîtriser l'intégralité des activités sous le contrôle de l'organisme et de s'orienter résolument vers la performance.

Dans ce contexte, l'approche de l'audit évolue pour encore mieux accompagner les organismes dans la mise en œuvre de leurs politiques de progrès :

- par une meilleure écoute : la norme ISO 45001 incite au dialogue. Les auditeurs s'attachent à mieux comprendre le contexte, les enjeux des organismes et les attentes des parties intéressées vis-à-vis des organismes qu'ils auditent ;

- par une meilleure compréhension et analyse des synergies entre le SM S&ST et la stratégie : en effet, même si l'auditeur n'a pas vocation à auditer la stratégie de l'organisation, il cherche à la comprendre et à s'assurer que le SM S&ST concourt à celle-ci et réciproquement ;
- par une approche pragmatique de l'audit en faveur du terrain et visant à démontrer la bonne appropriation du SM S&ST par les équipes, encore plus orientée sur les résultats et l'effectivité/efficacité.

Les nouvelles exigences, notamment celles relatives à la compréhension du contexte des organismes (§ 4), le *leadership* et la participation des travailleurs (§ 5) et l'approche par les risques et opportunités (§ 6), ne se satisfont plus d'un simple constat : conforme ou non conforme, bon ou pas bon, noir ou blanc, etc. Les auditeurs doivent s'inscrire dans une logique d'évaluation, l'évaluation étant un processus qui vise à comprendre et analyser les pratiques et les résultats afin de pouvoir juger de leur efficacité.

Pour l'auditeur, cela demande une nouvelle posture, ou tout au moins de renforcer la posture actuelle, en se positionnant plus dans l'écoute, dans la compréhension des enjeux de l'organisme qu'il audite. Le *challenge* est, pour lui, de donner confiance à l'audité afin qu'il se livre et qu'il donne toute la matière pour un exercice à forte valeur ajoutée. La synergie est optimale lorsque l'auditeur donne à l'audité matière à s'améliorer.

Cela demande également plus de préparation en amont de l'audit. Il convient d'analyser les tableaux de bord, les résultats et leurs tendances (évolutions), les analyses pour pouvoir par la suite statuer sur l'efficacité et la maturité des pratiques mises en œuvre par l'organisation.

Prenons l'exemple de l'écoute des parties intéressées et de l'identification de leurs besoins et attentes pertinentes. Il convient que l'auditeur comprenne comment l'organisme identifie ses parties intéressées, détermine celles qui ont de l'importance pour lui au regard de ses enjeux internes et externes... Ensuite, il doit examiner comment l'organisme valorise cette information : rencontres/communications avec les clients, les administrations, les travailleurs, autres, etc. Au final, l'auditeur doit évaluer en quoi ce travail a permis à l'organisme de maîtriser, voire d'anticiper, ses risques et d'identifier/valoriser des opportunités (image, conformité réglementaire, nouveaux marchés, etc.) ; cela afin de rendre le système de management plus robuste.

Pour les organismes, cela demande également un changement de posture. Faire plus confiance à l'auditeur, être plus transparent sur ses forces et ses faiblesses, pour que l'évaluation/l'audit apporte toute sa valeur ajoutée.

Préconisations en matière de posture

PHASE PRÉPARATOIRE
ÉTAPE 1 ⬇ PAS D'ÉVOLUTION

◆ Approche auditeur classique avec une logique intégrée QSE

- Mieux préparer l'audit en amont : transférer plus de temps de l'audit sur l'étape 1 (dans la limite de la PDR allouée) afin d'examiner les résultats, se renseigner sur l'organisation :
  - examiner de façon macro les tableaux de bord, les résultats, les processus,
  - aller sur le site Internet pour collecter et examiner les éléments de contexte et les éventuels avis des parties intéressées ;
- proposer à l'organisme des pistes pour préparer l'audit (codéfinition et validation des objectifs de l'audit, explications des modalités de renseignement de la description de la situation QSE dans le cadre d'audits intégrés, examen des processus porteurs de risques/opportunités pour adapter le programme d'audit en conséquence, etc.) ;
- valider la pertinence du domaine d'application à certifier au regard des enjeux de l'organisme ;
- proposer les grandes lignes du programme d'audit en incluant la planification d'interview avec :
  - les représentants des travailleurs responsables de S&ST,
  - le personnel chargé de surveiller la santé des employés, par exemple les médecins et/ou les infirmiers.

PHASE D'AUDIT	
ÉTAPE 2 ⬇ 5 ÉVOLUTIONS	
Comprendre les enjeux et anticiper les besoins et attentes des parties intéressées	**Approche auditeur classique avec une logique intégrée QSE** • La logique de l'audit se fait selon la logique de la HLS : le PDCA • Les chapitres liés à la réalisation des activités opérationnelles pourront être audités selon les processus de l'organisme **Approche évaluateur** • Écouter le dirigeant et le laisser expliquer comment il analyse les enjeux internes et externes de son activité • Lui demander comment il identifie et échange avec ses parties intéressées et les travailleurs, et en quoi il les juge pertinentes • Lui demander comment les exigences pertinentes des travailleurs des parties intéressées sont transformées en exigences applicables • Valider avec lui le domaine d'application et les éventuelles exclusions
Renforcer les liens entre stratégie et démarches QSE	**Approche mixte auditeur/évaluateur** • Écouter le dirigeant et le laisser expliquer sa stratégie, sa politique et les objectifs qui en découlent • Échanger avec lui sur les modalités de définition de cette stratégie et de construction de la politique QSE • Auditer les processus dans une approche intégrée QSE
Approche par les risques	**Approche mixte auditeur/évaluateur** • Prendre la notion de maîtrise des risques et de valorisation des opportunités comme fil rouge pour structurer l'audit • S'assurer que l'approche risque est intégrée dans le management des processus (tous risques confondus : qualité, S&ST, environnement et système) • Structurer le rapport par rapport à cette notion de risques **Note** : il conviendra de ne pas oublier les opportunités

Maîtriser l'ensemble des activités	**Approche auditeur classique avec une logique intégrée QSE** • Le domaine d'application des SM est élargi (perspective de cycle de vie en environnement, parcours produits/service pour la qualité, travailleurs réalisant une activité sous le contrôle de l'organisme pour la S&ST, externalisations, etc.), prévoir de passer du temps sur l'amont (écoconception, conception, modifications, approvisionnement, *sourcing*, sélection des sous-traitants), les processus externalisés, et l'aval (SAV, fin de vie des produits, livraison, etc.) • Prendre plus de temps pour auditer en S&ST les processus externalisés et les modalités de maîtrise et d'influence des autres acteurs
Évaluer et améliorer les performances	**Approche mixte auditeur/évaluateur** • Revenir aux basiques ! Il est nécessaire de vérifier la conformité des produits/services, la maîtrise des risques pour la S&ST et de pollution et la conformité aux exigences légales et autres exigences et de s'assurer que le SM permet l'amélioration des performances • Favoriser l'approche de l'audit par les résultats (*bottom-up*). Cela permet d'évaluer l'efficacité/effectivité des pratiques mises en œuvre au regard des résultats obtenus • Examiner la pertinence des indicateurs et leur suivi par l'organisme. Appuyer son questionnement sur l'analyse des données et des tendances • *Challenger* l'organisme sur sa capacité à analyser ses résultats, à allouer les ressources de manière adéquate et sur sa capacité à démontrer l'amélioration de ses performances

Les évolutions du SM S&ST

Synthèse des acquis/renforcements et des principales nouveautés de la nouvelle norme ISO 45001 par rapport à l'OHSAS 18001.

ISO 45001:2018		Les acquis ou les renforcements
Préservation de la santé et de la sécurité au travail	→	La norme ISO 45001 cherche à aider les organismes qui veulent prévenir les traumatismes et pathologies liés au travail et fournir des lieux de travail sûrs et sains

ISO 45001:2018		Les acquis ou les renforcements
Supprimer les dangers, minimaliser les risques	→	Le SM S&ST reste basé sur l'identification des dangers et l'évaluation des risques dans l'objectif d'en diminuer les impacts potentiels par la mise en place de moyens de maîtrise suivant la hiérarchie des principes de prévention bien connue en France (Code du travail, article L4121-2) La maîtrise opérationnelle des risques pour la S&ST est l'élément central du SM S&ST et de toute organisation voulant prévenir les traumatismes et pathologies. Celle-ci passe par une bonne planification et un bon suivi des actions décidées
Conformité à la réglementation et aux autres exigences	→	Le renforcement vient de l'élargissement du périmètre aux exigences pertinentes des parties intéressées et sur leurs modalités d'application dans l'organisme
Réponses aux situations d'urgence	→	La prise en compte des situations anormales et situations d'urgence lors de l'identification des dangers et l'évaluation des risques est une exigence clarifiée. La gestion des situations d'urgence et des accidents potentiels reste un point majeur dans la gestion des risques en S&ST et l'amélioration du SM S&ST
***Leadership* et engagement**	→	La direction doit faire la démonstration de son engagement. Il y a un renforcement de la cohérence entre la politique de S&ST et la stratégie de l'organisme. Un des renforcements est lié au fait que le responsable du système de management doit aussi rendre compte de la performance en S&ST
Gestion documentaire	→	La simplification documentaire est une évolution significative mise en place à la demande des utilisateurs (tous SM confondus). La notion de procédure est abandonnée au profit des « informations documentées ». Ces dernières devant toujours être identifiées, maîtrisées et tenues à jour

ISO 45001:2018		Les principales nouveautés
Contexte et parties intéressées	→	La norme ISO 45001 exige une bonne compréhension du contexte dans lequel évolue l'organisme afin de mieux gérer les risques en S&ST subis ou provoqués Cette exigence implique donc une réflexion stratégique plus large sur les enjeux internes et externes susceptibles d'avoir une incidence sur la manière dont l'organisme gère ses responsabilités en S&ST. L'identification des enjeux importants est un préalable à la définition et à l'établissement du SM S&ST et de son domaine d'application
Travailleurs et externalisation	→	Prise en compte de toutes les activités sous le contrôle de l'organisme et donc de tous les travailleurs et des processus externalisés dans la définition du SM S&ST
Risques et opportunités	→	Afin de réduire l'incertitude associée à l'atteinte des objectifs du SM S&ST, la mise en œuvre systématique de l'approche par les risques a été introduite. Le recensement des risques et opportunités qui pourraient freiner ou favoriser l'atteinte d'un résultat en S&ST escompté se fera au regard du contexte global de l'organisme et de sa finalité
Leadership	→	L'objectif de ce nouveau chapitre est de mettre l'accent sur le rôle clé de la hiérarchie dans la promotion et l'appui dans la mise en œuvre du management en S&ST Bien que la direction reste responsable de l'efficacité du SM S&ST, les *managers* sont également amenés à traiter efficacement les risques en S&ST et par là promouvoir une meilleure culture S&ST
Participation des travailleurs	→	La notion de travailleurs (en particulier non-encadrants) est introduite au même niveau que le *leadership* comme pilier principal du SM S&ST. La consultation et la participation des travailleurs à tous les niveaux du SM S&ST favorisent leur implication et l'adéquation du SM aux préoccupations opérationnelles quotidiennes Ceci devrait aider au développement d'une culture en S&ST favorable à la réussite du SM

ISO 45001:2018		Les principales nouveautés
Approche processus	➔	La norme ISO 45001 introduit l'approche processus en exigeant de déterminer les processus du SM S&ST et leurs interactions. Elle laisse la liberté à chaque organisme d'apprécier le niveau de détail de son approche. On note donc une importance accrue du management en S&ST dans les processus de planification stratégiques et opérationnels de l'organisme Le succès du management en S&ST réside dans l'implication de la direction et des *managers* et dans la participation active des travailleurs. La direction peut exploiter efficacement les opportunités dégagées en intégrant et mettant en œuvre les actions au sein des processus métiers
Alignement stratégique	➔	Dans un souci d'amélioration de sa performance en S&ST, la direction prend un certain nombre d'engagements en accord avec l'orientation à moyen ou long terme qu'elle souhaite pour l'organisme Cette stratégie est formalisée au travers d'une politique de S&ST, avec des priorités adaptées aux risques et opportunités de l'organisme, identifiés lors de l'analyse des risques et du contexte (enjeux internes et externes)
Processus de communication	➔	Un processus de communication interne et externe doit être établi en concertation avec les travailleurs et en prenant en compte les obligations de conformité (dont les besoins et attentes des parties intéressées pertinentes définis par l'organisme comme applicables) L'organisme doit s'assurer de la cohérence et de la fiabilité des données communiquées vis-à-vis de son SM S&ST
Amélioration des performances en S&ST	➔	Sans exiger de niveau de performance minimum, la norme ISO 45001 introduit la notion d'évaluation de la performance en S&ST afin de déterminer l'effectivité/efficacité du SM S&ST Pour cette évaluation, l'organisme doit définir les critères retenus, notamment en lien avec sa politique et ses objectifs L'amélioration continue du SM S&ST concerne l'ensemble du domaine d'application et découle en partie de l'amélioration des performances en S&ST Le niveau de performance en S&ST devient alors une donnée d'entrée de la revue de direction au même titre que l'atteinte des objectifs de S&ST

1 Domaine d'application

Tel que présenté, l'organisme et l'auditeur doivent connaître ce qui est présenté au § 1, en particulier pour éviter toute impasse sur des sujets pouvant s'avérer conséquents.

Ainsi les trois visées du texte sont bien :

- l'amélioration continue de la performance en S&ST ;
- la satisfaction aux exigences légales et autres exigences ;
- l'atteinte des objectifs de S&ST.

Lorsque la norme parle de performance en S&ST, elle inclut évidemment la prévention des traumatismes et pathologies liés au travail et la mise à disposition de lieux de travail sûrs et sains.

Mais il convient de prêter aussi attention à un autre élément : cette norme ouvre le champ de la S&ST vers la qualité de vie au travail (QVT) sans toutefois imposer des exigences spécifiques liées à cet aspect.

Il conviendra de le garder en mémoire tout au long de l'audit pour identifier des pistes d'améliorations pertinentes.

2
Références normatives

Pas de référence.

Pour autant, l'organisme autant que l'auditeur peut s'intéresser à la bibliographie proposée en fin de document et qui renvoie vers un certain nombre d'autres normes ou documents parmi lesquels on retrouve : OHSAS 18001, ILO-OSH 2001, ISO 31000, ISO 39001, etc.

Par ailleurs, il ne peut qu'être encouragé de consulter l'annexe de la norme ISO 45001, qui apporte nombre d'explications utiles, y compris pour clarifier des situations d'audit.

Attention

Les éléments présentés en annexe ne sont pas opposables. Ils ne constituent pas des exigences et ne peuvent donc pas faire l'objet d'écarts. Ce sont des lignes directrices pouvant ne pas être applicables à tel ou tel organisme en fonction de son contexte.

3
Termes et définitions

Plusieurs définitions sont de compréhension immédiate et n'appellent pas de commentaires, d'autres attirent spécifiquement l'attention. Parmi elles :

3.3 Travailleur

Cette définition est très large et impacte fortement un grand nombre d'exigences de la norme ISO 45001. Cela implique un élargissement de l'application du SM S&ST à un plus grand nombre de personnes que les seuls salariés.

3.4 Participation et 3.5 Consultation

Notions nouvelles qui dénotent un renforcement dans l'implication des travailleurs dans le SM.

3.13 Effectivité/efficacité

Nouvelle approche plus adaptée pour un SM S&ST que la notion d'efficience plus adaptée à un SMQ. À bien appréhender, notamment au niveau de la planification, mais aussi lors de l'évaluation des résultats du SM S&ST.

3.25 Processus

Introduction de l'approche processus au sein du SM S&ST (*voir* § 4.4).

3.29 Externaliser

En lien avec des enjeux différenciés selon les contextes, y compris réglementaires. Attention aux externalisations qui ne sont pas forcément les mêmes dans le cadre d'un système QSE selon la thématique étudiée.

3.20 Risque

Effet de l'incertitude : applicable à l'ensemble du système, à distinguer du 3.21 (*voir* ci-dessous).

3.21 Risque pour la S&ST

C'est celui qui est pris en compte dans l'évaluation des risques professionnels. Il correspond au § 3.21 « Risque » de l'OHSAS 18001.

3.22 Opportunité en S&ST

Nouvelle notion.

4
Contexte de l'organisme

4.1 Compréhension de l'organisme et de son contexte

◆ Évolutions et renforcements

- La compréhension du contexte de l'organisme devient un préalable à la définition et l'établissement du système de management (enjeux internes et externes, marché, réglementation, économie, sujets sociaux/sociétaux/environnementaux, etc.).
- En relation avec la finalité de l'organisme, une réflexion stratégique élargie portant sur le contexte en S&ST doit être menée en prenant en compte les enjeux associés aux attentes et besoins des parties intéressées et à l'écosystème (enjeux globaux : environnement social et politique, gouvernance, aménagement du temps de travail, digitalisation des métiers, etc.).
- La compréhension des besoins et attentes pertinents des parties intéressées de l'organisme, puis dans un second temps leur transformation en exigences applicables, doit permettre de construire le SM en cohérence avec le contexte.
- Le périmètre du système de management (§ 4.3) et ses dispositions (§ 4.4) doivent être déterminés en fonction :
  - du contexte interne et externe (§ 4.1) ;
  - des exigences des parties intéressées (§ 4.2) ;
  - et des activités en relation avec le travail exercées ou planifiées.
- Les opportunités et risques en S&ST peuvent aussi être utiles à la réflexion. Cette exigence permet l'harmonisation et l'intégration des diverses composantes des systèmes de management.
- Elle permet aussi de prendre en compte les conditions de travail (horaires, risques, organisation, travail de nuit, travail posté, robotisation,

automatisation, etc.) et ses évolutions (loi Travail, pénibilité, réforme des retraites, réforme de la médecine du travail, numérique, nouvelles générations, mobilité, etc.).

◆ Impacts pour l'organisme

- Réfléchir sur la finalité de l'organisme, sur les enjeux internes et externes associés aux métiers, à l'activité, sur les résultats attendus, etc. favorisant ainsi une prise de recul permettant la mise en perspective de la future politique en S&ST par rapport à des enjeux plus globaux (mondialisation, numérisation des organisations, nouveaux modes de travail, robotisation, télétravail, vieillissement de la population, etc.).
- Développer une orientation stratégique.

Note

Ces impacts positifs permettront à l'organisme de gagner en pérennité grâce à :

- une meilleure vision des opportunités et des risques ;
- une meilleure harmonisation et intégration de ses pratiques au regard de la stratégie adoptée (intégration du critère S&ST dans l'acte d'achat, dans les processus RH, de maintenance, etc.) ;
- une meilleure capacité d'innovation grâce à une connaissance renforcée de son contexte ;
- une meilleure capacité à atteindre les objectifs qu'il s'est fixés ;
- plus de liens avec les parties intéressées ;
- une meilleure maîtrise des obligations de conformité.

◆ Impacts sur l'audit

- La compréhension du contexte de l'organisme est une exigence ; sans méthodologie exigée pour déterminer les enjeux ; seule la cohérence de la démarche peut faire l'objet d'un constat.
- L'organisme doit présenter sa finalité et son orientation stratégique pour montrer la cohérence de la politique et des objectifs.
- L'organisme détermine les enjeux internes et externes qu'il considère comme pertinents ; c'est lui qui décide d'après ses données.
- Pas d'obligation de formalisation écrite de sa mission et de ses enjeux.
- Pas d'obligation de justification des enjeux déterminés : leur pertinence par rapport au SM S&ST doit être confirmée lors de l'audit.

Questions possibles Suggestion de pratique ?	Modes de preuve possibles	Posture/Enjeu de l'audit
Demander une présentation de l'organisation : statut, indépendant ou groupe ?	Si l'organisme fait partie d'un groupe, regarder les engagements en matière S&ST ainsi que la politique du groupe	
Demander une présentation de l'activité : CA et évolution, marchés, concurrence, etc. Quelle est votre stratégie ?	Des éléments sur la connaissance du territoire (analyses stratégiques, études de marchés, concurrence, etc.), sur les enjeux S&ST de l'organisme autour des activités, sur les technologies, procédés, produits, etc.	L'audit est soumis aux règles de confidentialité. La stratégie doit être présentée par la direction même si elle n'est pas communiquée largement en interne
Avez-vous analysé les enjeux internes et les enjeux externes pouvant influer sur le SM S&ST ? Comment, à quel moment, période, fréquence, revoyez-vous ces enjeux ?	Connaissance des enjeux internes et externes avec hiérarchisation ou non : • liste associée • cartographie des enjeux • matrice SWOT/AFOM Pas d'information documentaire exigée (même si le bon sens et la pérennité des informations demandent un minimum de documentation) Le suivi des enjeux à la suite des événements particuliers (changement d'organisation, des marchés, de la réglementation, etc.)	Pas de niveau de détail exigé Évaluez la pertinence vis-à-vis de la finalité de l'organisme Questionnez sur la mise à jour de ces informations en fonction des enjeux et éléments associés au contexte de l'organisme et des conditions de travail/ relations sociales

◆ Exemples de non-conformités

- Absence de détermination des enjeux.
- Non-identification de la pertinence des enjeux – analyse des enjeux obsolète et plus en phase avec la réalité (réalisée depuis plusieurs années alors que le métier a changé par exemple).
- Non-actualisation des enjeux.
- Approche d'identification des enjeux non robuste et non pérenne du fait du *turn-over* des dirigeants ou des travailleurs.

Note

Ces difficultés trouveront plus facilement une expression notifiée de 4.2 à 4.4, voire après, en termes de conséquences mieux perçues en situations d'audit.

4.2 Compréhension des besoins et attentes des travailleurs et autres parties intéressées

◆ Évolutions et renforcements

- La mise en place de dispositions d'écoute et de compréhension des attentes des parties intéressées est implicitement exigée.
- La détermination des attentes et besoins pertinents par rapport aux enjeux, aux risques et opportunités, et surtout la traduction en exigences applicables.
- Les parties intéressées pertinentes pour le SM S&ST et leurs exigences doivent être surveillées et revues. Un dispositif de veille ou de surveillance doit être prévu car les parties intéressées peuvent « bouger » ainsi que leurs besoins ou attentes.

◆ Impacts pour l'organisme

- Identifier les parties intéressées puis leurs besoins et attentes (dont ceux et celles des différents travailleurs).
- Définir les parties intéressées sur lesquels l'organisme a la maîtrise et/ou l'influence, voire aucun moyen d'action.
- Définir les critères de pertinence des besoins et attentes.
- Définir quelles sont les attentes et besoins qui doivent être transformés en exigences applicables.
- Construire la politique S&ST et le SM S&ST d'une manière générale en cohérence avec les besoins et attentes pertinentes des parties intéressées.

◆ Impacts sur l'audit

- Dans le prolongement du 4.1, s'assurer de la cohérence entre la finalité de l'organisme, les enjeux, les besoins et attentes des parties intéressées et l'exploitation de ces informations.
- Pas d'exigence de méthode et de formalisme.

Questions possibles Suggestion de pratique ?	Modes de preuve possibles	Posture/Enjeu de l'audit
Comment sont déterminées vos parties intéressées (PI) concernées ? Quels sont leurs besoins et attentes ? Quelle est votre pratique ?	Connaissance des parties intéressées et de leurs attentes et besoins de la part du management Méthodologie (formalisée ou non)	Pas de niveau de détails exigé Assurez-vous que la pratique est pertinente et reproductible Évaluez comment les attentes et besoins pertinents des parties intéressées sont intégrés dans le SM S&ST
Qui sont vos parties intéressées ?	Pas d'information documentée exigée (même si le bon sens et la pérennité des informations demandent un minimum de documentation) : • liste de parties intéressées avec hiérarchisation ou non • cartographie • matrice type niveau de la relation avec les parties intéressées *versus* niveau d'importance de la partie intéressée • CR de revue de direction qui révise la liste des parties intéressées, leurs besoins et attentes	En phase de préparation de l'audit, examinez (*via* le *Net* par exemple) les éventuelles attentes et besoins des parties intéressées vis-à-vis de l'organisme, du secteur d'activité concerné et du lieu (accidentologie, accident industriel, PPRT, PUI, etc.) Lors de l'audit, croisez les résultats de l'audité avec vos recherches. Si vous observez des différences et/ou des manques, demandez pourquoi, essayez de comprendre Soyez dans l'écoute et la compréhension plus que dans le débat d'experts Examinez les modalités de revue périodique des parties intéressées et de leurs attentes et besoins Croisez avec l'audité la pertinence vis-à-vis de la finalité et des objectifs de l'organisme. Encore une fois, soyez dans l'écoute et la compréhension. Soyez pédagogues. Si vous identifiez des écarts, des incohérences, ramenez-les à leur méthodologie qui est certainement non pertinente Point important, demandez à l'organisme comment il traduit les besoins et attentes pertinents en obligations de conformité **Attention** : ne demandez pas de méthodes complexes d'identification et d'évaluation de l'importance de la partie intéressée pour l'organisme. Seule la pertinence est une exigence La pertinence des besoins et attentes et la traduction en obligations de conformité pourront être mis en évidence lors de l'audit sur le terrain (exemples : gestion des situations d'urgence, communication, consultation/participation des travailleurs, etc.)

Questions possibles Suggestion de pratique ?	Modes de preuve possibles	Posture/Enjeu de l'audit
Quels sont leurs besoins et attentes ? Comment les suivez-vous ? Comment sont-ils traduits en exigences (obligations de conformité), si nécessaire ? Quelles sont les attentes de vos actionnaires/du groupe ? Quels objectifs ? Quelle relation avez-vous avec les administrations (CARSAT, inspection du travail, etc.) et la médecine du travail ? Comment jugez-vous le climat social, les négociations, les mouvements sociaux dans votre organisme ? Quelles sont vos relations avec les représentants du personnel ?	Une liste d'exigences avec hiérarchisation ou non La liste des obligations de conformité ou exigences applicables (provenant des attentes et besoins)	Bien voir en quoi la voix des travailleurs est explorée et bien identifiée *via* l'encadrement et/ou les représentants, d'une part, et si la compréhension se restreint à la perception légale des choses ou laisse des perspectives ouvertes, d'autre part

◆ Exemples de non-conformités

- Absence d'identification des parties intéressées pertinentes.
- Oubli de parties intéressées pertinentes comme certains travailleurs, les pouvoirs publics au sens large, la médecine du travail.
- Pas de transformation des besoins et attentes pertinentes des parties intéressées en obligations de conformité ou exigences applicables.
- Absence de prise en compte des attentes des parties intéressées dans le SM S&ST.

4.3 Détermination du périmètre d'application du système de management de la S&ST

◆ Évolutions et renforcements

- En plus d'autres critères plus classiques (activités, produits et services, fonctions et limites physiques, autorité, maîtrise, etc.), l'organisme doit prendre en compte de nouveaux paramètres tels que les enjeux internes et externes, les obligations de conformité (dont certaines proviennent des attentes des parties intéressées) et enfin la capacité d'influence lors de l'établissement du périmètre d'application.
- Le périmètre d'application du système, même s'il demeure un choix de l'organisme et de sa responsabilité, devra toutefois être cohérent avec les enjeux de ce dernier.

IMPORTANT

La pertinence du domaine d'application du SM S&ST (activité, périmètre, etc.) sera examinée en premier lieu par AFNOR Certification lors de l'étude de recevabilité (en initial), puis par le responsable d'audit en étape 1. Toutefois, ce sujet complexe demande de l'expertise et du retour terrain pour se faire une opinion objective et pertinente. Aussi, nous préconisons aux auditeurs d'adopter une approche d'écoute constructive et pédagogique. N'oublions pas que ces exigences sont nouvelles pour tout le monde (audités comme auditeurs).

Le domaine d'application doit faire l'objet d'une information documentée.

◆ Impacts pour l'organisme

Le domaine d'application doit être défini et formalisé. Il doit être cohérent avec l'ensemble des critères pris en considération dans les deux précédents chapitres (enjeux internes et externes, obligations de conformité, capacité de maîtrise et d'influence, etc.).

NOTE

L'objectif des experts de l'ISO est de ne plus avoir de systèmes « façades » pouvant induire les clients (ou autre partie intéressée) en erreur. Le SM S&ST doit « s'attaquer » aux véritables enjeux de l'organisme et participer à l'amélioration des conditions de travail pour tous les travailleurs concernés par le SM S&ST.

Pour les organismes déjà certifiés, le domaine d'application pourra être modifié en fonction des considérations du contexte et des parties intéressées, plus d'autres considérations qu'il conviendra d'examiner au cas par cas. Aucune exclusion aux exigences de la norme n'est autorisée.

- Une fois le domaine d'application pertinent défini, aucune activité associée à des risques significatifs ne peut être exclue (exemple : maintenance d'une machine, mise en place d'un échafaudage pour le compte de l'organisme, etc.).
- Le domaine d'application doit être tenu à jour et disponible dans une optique de transparence, de crédibilité et d'accès à l'information pour toutes les parties intéressées.

◆ Impacts sur l'audit

L'auditeur doit réaliser dans le cadre de l'audit et non plus seulement dans le cadre contractuel une revue complète du domaine dont les processus, les sites et les processus externalisés. Il est recommandé de revoir ce point en étape 1, en ouverture et de reboucler en clôture d'audit.

Il convient de vérifier l'adéquation du libellé de certification avec le domaine d'application décrit par l'organisme.

Questions possibles Suggestion de pratique ?	Modes de preuve possibles	Posture/Enjeu de l'audit
Comment sont déterminées les limites du système ? Quelle a été l'approche ? Quelles sont les données considérées pour établir le périmètre d'application ?	Pas d'exigence de méthode et d'information documentée associée ; c'est la discussion avec le dirigeant ou son management qui permettra de se faire une idée sur l'approche adoptée pour définir les limites du système **Note** : dans les organismes de taille significative, de nombreux documents seront certainement à disposition (cartographie des risques, cartographie des parties intéressées, analyse des risques, etc.) L'étude, l'analyse et les conclusions ayant conduit à la décision	Pas de niveau de détail exigé Posture d'écoute : laissez l'organisme vous exposer son approche. Ne rentrez pas dans un débat d'expert à ce niveau. C'est tout au long de l'audit, lorsque vous identifierez des manques, des anomalies, des dysfonctionnements factuels, que vous pourrez, en fin d'audit, critiquer, si nécessaire, le périmètre d'application Évaluez la pertinence vis-à-vis de la finalité et des objectifs de l'organisme

Questions possibles Suggestion de pratique ?	Modes de preuve possibles	Posture/Enjeu de l'audit
Quelles sont les limites choisies ? Sous quelle forme rendez-vous disponible votre domaine d'application ? Comment tenez-vous disponible votre domaine d'application auprès de vos parties intéressées ?	La définition et la documentation du périmètre d'application et ses limites Document reprenant le domaine d'application et ses limites (ex. : manuel, politique, processus de direction ou QSE, revue de direction, etc.) Justification de la mise à disposition du domaine d'application auprès des parties intéressées (ex. : site Internet, accueil, sur demande, affichage, envoi systématique, etc.)	Assurez-vous que le périmètre du système de management est pertinent par rapport aux enjeux, et que ne sont pas exclus volontairement des risques spécifiques ou obligations réglementaires (y compris en externalisation) **Attention** : le domaine d'application doit être factuel et représentatif des enjeux et des besoins et attentes pertinents des parties intéressées
Avez-vous exclu des activités ? Si oui, pourquoi ? Comment le justifiez-vous ?	Pas d'exigence d'information documentée sur le sujet. Toutefois, l'organisme devra démontrer les limites de son autorité, de sa sphère de maîtrise et d'influence et l'absence d'impact sur les performances de son SM S&ST	Évaluez la pertinence de la « sphère de maîtrise et d'influence » au regard des activités de l'organisme et des enjeux qui influent sur son SM S&ST

◆ Exemples de non-conformités

- Un enjeu interne conséquent n'a pas été pris en considération pour établir le domaine d'application qui s'en trouve indûment restreint (exemples : interventions de salariés à l'extérieur, émissions dangereuses/toxiques envers des riverains, etc.).
- Un enjeu externe n'a pas été pris en considération pour établir le domaine d'application [exemples : évolution de la technologie (robotisation, automatisation des tâches)].
- Certaines activités à enjeu S&ST ne font pas partie du périmètre d'application (exemples : processus externalisé, actions de formation aux risques, processus de sélection des intervenants extérieurs, etc.).
- Le domaine d'application n'est pas exprimé sous forme d'information documentée et n'est pas disponible vis-à-vis de certaines parties intéressées (exemples : clients, intérimaires).

Note

En audit QSE, des écarts liés à l'interprétation du périmètre applicable peuvent affecter à la fois des considérations qualité, environnement et/ou S&ST.

4.4 Système de management de la S&ST

◆ Évolutions et renforcements

- L'établissement, la mise en œuvre et l'amélioration continue du système de management de la S&ST, y compris les processus et leurs interactions, doivent contribuer à l'obtention des résultats escomptés (déploiement et compréhension de la politique, atteinte des objectifs, mise en œuvre du SM, maîtrise des risques, prévention des traumatismes et pathologies etc.), mais aussi à l'amélioration de la performance en S&ST.
- La norme est plus explicite sur ce sujet de l'amélioration de la performance en S&ST. Elle exige que l'organisme définisse des critères et des indicateurs de performance, et que leur mesure démontre l'amélioration de cette performance. Il convient que ces critères soient cohérents avec les risques définis comme significatifs par l'organisme.

Note

L'organisme conserve l'autorité et la responsabilité de décider de la manière de remplir les exigences de la norme ISO 45001, y compris le niveau de détail et dans quelle mesure :

- il *manage* ses processus ;
- il intègre les exigences du SM S&ST dans ses différents processus tels que la conception et le développement, les achats, les ressources humaines, etc. ;
- il intègre les enjeux associés au contexte de l'organisme et les besoins et attentes pertinentes des parties intéressées.

L'approche processus, telle que définie dans la norme ISO 9001:2015, est donc préconisée si elle est cohérente avec le SM S&ST, mais n'est pas exigée.

- L'organisme doit logiquement prendre en considération les connaissances acquises aux § 4.1 et § 4.2 lors de l'établissement et de la mise à jour du SM S&ST. Une fois le domaine d'application défini et décidé par l'organisme, le système de management doit s'appliquer sur son intégralité (voir § 4.3).

◆ Impacts pour l'organisme

- Pas d'exigence d'information documentée associée, même s'il est difficile de parler de processus sans nécessairement les présenter avec un minimum de documentation pour en assurer la compréhension et le suivi.

- Assurer une présentation de son système de management de la S&ST en précisant quelles sont les approches retenues pour les différents processus mentionnés dans la norme ISO 45001, et comment se traduisent leurs interactions lorsqu'approprié.

ATTENTION

Prendre avec prudence l'exigence de maîtrise des processus qui ne peut s'appliquer à toutes les itérations du mot processus présentes dans le texte de la norme !

Interprétation de l'exigence de processus

- La notion de processus dans la norme ISO 45001 correspond à une exigence d'information documentée, comprenant soit une procédure, soit un processus, soit tout support et format décrivant l'activité concernée ou la méthodologie utilisée.
- Pour les organismes ayant déjà un système de management de la qualité (SMQ) version 2015, il convient d'intégrer les processus exigés par la norme ISO 45001 dans les processus existants du SMQ (processus opérationnels, processus de management et processus support). L'annexe A.6.1.4 conforte cette position et cette recommandation d'intégration.
- Pour les organismes qui ne disposent pas d'autre système de management, il convient que la description des dispositions concernant le SM S&ST soit intégrée dans les documents opérationnels de toutes les activités/fonctions/unités de travail.

Impacts sur l'audit

Questions possibles Suggestion de pratique ?	Modes de preuve possibles	Posture/Enjeu de l'audit
Comment vos processus nécessaires et leurs interactions sont-ils établis, mis en œuvre et tenus à jour et améliorés en continu ?	Cartographie Description des processus Manuel	Éléments examinés plus loin en réponse aux exigences des § 5, 6, 7, 8, 9 et 10 Attention : avec la norme ISO 45001, le niveau d'exigence sur l'approche processus est moindre que pour la qualité
Comment démontrez-vous l'amélioration continue de votre système et sa capacité à améliorer vos performances ?	Tableau d'indicateurs de performance en S&ST Revue de performance en S&ST Plan d'action	

◆ Exemples de non-conformités

- L'amélioration continue du SM S&ST n'est pas démontrée à travers la lecture des indicateurs présentés en revue de direction.
- L'amélioration des performances en S&ST n'est pas démontrée à travers la lecture des indicateurs présentés en revue de direction.
- Les actions engagées au sein du SM S&ST ne permettent pas d'atteindre les résultats escomptés (exemples : amélioration de la conformité légale et réglementaire, diminution des risques).
- Des processus nécessaires n'ont pas été traduits en dispositions opérationnelles, plusieurs de leurs interactions ne sont pas tenues à jour, ou ne sont pas améliorées pour contribuer à l'amélioration de la performance du système de management.

5
Leadership et participation des travailleurs

5.1 *Leadership* et engagement

◆ Évolutions et renforcements

- La notion de *leadership* : cette exigence requiert plus d'engagement, de réactivité, de soutien actif et de *feedback* de la part de la direction ainsi que de l'équipe dirigeante. Cela implique aussi une plus grande responsabilisation de la direction dans le SM S&ST et l'atteinte des résultats.
- La politique du SM S&ST doit être compatible avec la stratégie globale de l'organisme.
- L'approche processus est promue.
- La direction au sens large (comprenant le *top management*) devra impulser une culture et faire preuve d'exemplarité en matière de S&ST.
- La norme introduit la protection des « lanceurs d'alertes » et de tous ceux qui font des remontées d'information.
- L'organisme doit intégrer les notions de consultation et participation dans le fonctionnement de son SM S&ST *via* la mise en place possible de comités de santé et de sécurité.

NOTE

Un lien peut être fait avec le principe de *leadership* de l'EFQM[3] : valeurs, mission, ambition, politique, stratégie, pilotage de la performance, relations avec et engagement vis-à-vis des parties intéressées, implication du personnel et relation de confiance avec le personnel, conduite du changement, innovation et agilité.

3 Fondation européenne pour la gestion de la qualité.

◆ Impacts pour l'organisme

- Renforcer l'implication réelle de la direction lorsque ce n'est pas déjà le cas.
- Orienter et soutenir l'ensemble des collaborateurs pour qu'ils contribuent à l'efficacité du SM S&ST.
- Aider les *managers* concernés à démontrer leur *leadership* (en assumant la responsabilité, en s'assurant des ressources, en veillant à l'atteinte des résultats attendus, en promouvant l'amélioration continue, en communiquant, etc.).
- Introduire et valoriser le rôle des travailleurs au même niveau que celui de la direction (*leadership*).

Attention

Prendre avec prudence l'exigence de maîtrise des processus qui ne peut s'appliquer à toutes les itérations du mot processus présentes dans le texte de la norme (*voir* § 4.4).

◆ Impacts sur l'audit

Questions possibles Suggestion de pratique ?	Modes de preuve possibles	Posture/Enjeu de l'audit
Comment assurez-vous votre rôle de *leader* ?	L'implication de la direction dans l'analyse du contexte, la participation effective aux revues de directions, aux réunions S&ST, au CSE, etc. La compréhension et la connaissance des enjeux, des risques et opportunités, des besoins et attentes les plus significatifs des parties intéressées, des principales exigences réglementaires, des principaux événements sécurité, le budget dédié à la S&ST, etc.	L'audit doit nécessairement se dérouler en présence de la direction et c'est à la direction de répondre aux questions de l'auditeur Sujet sensible : faire preuve de tact et de diplomatie Exigence de démontrer son engagement et *leadership* ; pas de preuves réellement définies dans la norme. Il existe des bonnes pratiques : partage d'une vision commune par le *top management* en matière de prévention, encouragements à faire des remontées d'info, etc. Confrontation de la vision des travailleurs avec les réponses de la direction

Questions possibles Suggestion de pratique ?	Modes de preuve possibles	Posture/Enjeu de l'audit
Existe-t-il une stratégie au sein de l'organisme ? Quelle est-elle ? Comment se positionne-t-elle par rapport à la politique de S&ST et à ses objectifs associés ?	Stratégie, si elle existe Politique S&ST Cohérence entre la politique, la stratégie et l'analyse du contexte, des attentes des parties intéressées et des risques	Insistez sur la cohérence, la compatibilité et l'alignement de la politique S&ST avec la stratégie
Comment la partagez-vous ? Comment la vision S&ST de la direction est déclinée au sein de l'organisme dans son ensemble ?	Les circuits de communication et leur contenu Vérification sur le terrain en interrogeant divers collaborateurs à tous les niveaux Voir les plans de formation (exemples : formation au management, encadrement des nouveaux *managers*, etc.) Comptes-rendus de réunion S&ST	C'est l'audit terrain qui le montrera Élargir les *interviews* à d'autres travailleurs (autre que les salariés) si possible
Comment soutenez-vous les *managers* ? Comment vous assurez-vous que les exigences du SM S&ST sont intégrées aux processus métiers ?	Comptes-rendus d'entretiens d'évaluation, de réunions *managers* Vérification sur le terrain en interrogeant divers collaborateurs à tous les niveaux Revues de processus	C'est l'audit terrain qui le montrera
Quelle organisation et quels moyens sont définis pour impliquer l'ensemble des travailleurs dans le SM S&ST ?	Comptes-rendus de CSE et/ou autres réunions opérationnelles Modalités de consultation/ participation Modes de représentativité des travailleurs choisis	Une partie réglementaire (CSE) en France Une partie qui dépend de la stratégie de l'organisme

Exemples de non-conformités

- Le management de proximité ne dispose d'aucun moyen ni soutien pour mettre en œuvre les plans d'action en S&ST.
- La direction ne s'assure pas que les processus métiers intègrent bien les exigences du SM S&ST (exemples : moyens de maîtrise des risques, retours d'expérience des précédents événements, etc.).
- La politique de S&ST n'est pas en cohérence avec la stratégie de l'organisme.
- Les modalités définies ne permettent pas une réelle participation des travailleurs au SM S&ST (tous les travailleurs ne sont pas inclus ou la participation n'est pas effective).
- Les membres de la direction devant assumer la pleine et entière responsabilité en S&ST n'ont pas les délégations de pouvoir adéquat en termes de S&ST.
- Aucun dispositif n'est prévu pour permettre aux lanceurs d'alerte d'exercer leur devoir d'alerte, aucune disposition n'est mise en œuvre pour les protéger d'éventuelles représailles (sanctions managériales, mise à l'écart, brimades, etc.).

5.2 Politique de S&ST

La politique de S&ST constitue la base de l'engagement de la direction dans la mise en œuvre et l'amélioration du SM S&ST afin qu'il puisse maintenir et potentiellement améliorer sa performance.

Évolutions et renforcements

- Compléments « attendus » : la politique inclut l'engagement pour l'amélioration continue du système de management de la S&ST, ainsi que l'engagement à la consultation/participation des travailleurs.
- L'OHSAS évoquait « [la] prévention des lésions corporelles et atteintes à la santé » alors que la norme ISO évoque « l'engagement à fournir des conditions de travail sûres et saines pour la prévention des traumatismes et pathologies liées au travail », donc les maladies professionnelles incluant le stress, les RPS, le *burn-out*, jusqu'à, potentiellement, la QVT.
- Comme pour les référentiels qualité et environnement, la politique de S&ST doit être communiquée en interne et disponible en externe auprès des parties intéressées.

◆ Impacts pour l'organisme

La politique de S&ST doit être adaptée et « personnalisée » en tenant compte du contexte et des risques de l'organisation : éviter donc les politiques « standard » et sans vocation opérationnelle. Éviter le simple formalisme, mais donner du sens à la politique.

La politique doit être en lien avec les enjeux clés de l'organisme, son contexte, ses objectifs et bien sûr alignée à la stratégie :

- pertinence et politique appropriée à la finalité de l'organisme : lien politique-stratégie ;
- politique ayant un cadre plus large que la « simple » accidentologie/DUER ;
- La politique doit faire l'objet d'une information documentée.

◆ Impacts sur l'audit

Questions possibles Suggestion de pratique ?	Modes de preuve possibles	Posture/Enjeu de l'audit
Comparer politique et éléments contextuels présentés par l'organisme + analyse de risques Identifier les axes d'amélioration impulsés par la politique	Politique de S&ST Analyse des risques et opportunités	Assurez-vous que la politique est cohérente avec les risques et opportunités organisationnels, avec la nature des risques professionnels et opportunités pour la prévention et avec la stratégie de l'organisme
La politique S&ST comprend-elle un engagement à fournir des conditions de travail sûres et saines pour la prévention des traumatismes et pathologies liés au travail ?	Politique S&ST Liste des engagements pertinents retenus Objectifs en S&ST sur le sujet ?	Examen des déclarations
La politique comprend-elle un engagement à satisfaire aux exigences légales et autres exigences ?	Politique S&ST Liste des engagements pertinents retenus	Examen des déclarations

Questions possibles Suggestion de pratique ?	Modes de preuve possibles	Posture/Enjeu de l'audit
Est-elle mise à la disposition des travailleurs, des parties intéressées ? Comment est-elle mise à disposition ?	Communication différente selon les parties intéressées Dispositions de communication adaptées : instances légales, management de proximité, travailleurs, médecin du travail, etc., *via* des réunions, un journal, un site Internet, un affichage, etc. Comptes-rendus du CSE	À valider lors de l'audit terrain *Interview* des représentants du personnel, médecin du travail, CSE, intervenant sur site (même des prestataires externes ou intérimaires)
Évolutions de la politique au fil du temps	Modifications et raisons des révisions Prise en compte de l'évolution du contexte, des risques et de la stratégie	Lien avec revue de direction probable

◆ Exemples de non-conformités

- La politique de S&ST n'est pas alignée avec la stratégie de l'organisme et sans lien avec ses enjeux clés (son secteur, sa nature, ses territoires d'opération).
- La politique de S&ST n'inclut pas formellement un engagement à éliminer les dangers et réduire les risques.
- La politique de S&ST n'est pas disponible (pas d'affichage, pas de communication, par exemple).
- Décalage entre la politique de S&ST et les objectifs déclarés par la direction et ceux compris et appliqués par le personnel. La politique n'inclut pas d'engagement à satisfaire aux exigences légales et autres exigences.
- La politique SMI (dont S&ST) est réduite à une ligne : « Réduire les risques d'accidents au travail et garantir une performance santé et sécurité au travail ».

5.3 Rôles, responsabilités et autorités au sein de l'organisme

◆ Évolutions et renforcements

Ce paragraphe de la norme est globalement simplifié par rapport à l'approche de l'OHSAS 18001. En outre, plusieurs éléments sont déjà présentés dans le paragraphe 5.1.

- Une nuance est apportée :
  - « Désigner un ou plusieurs représentants » disparaît, mais la responsabilité et l'autorité pour rendre compte de la performance demeure… ;
  - ajout de la note : c'est bien à la direction, au final, de rendre compte du fonctionnement du SM S&ST.
- Une exigence plus précise sur la responsabilisation de chacun à son niveau dans le fonctionnement du SM S&ST.

NOTE

La direction doit attribuer la responsabilité et l'autorité pour s'assurer que le système est bien mis en œuvre et pour rendre compte de la performance de ce dernier. Elle peut le faire à elle-même (cas classique pour une TPE), à l'ensemble de l'équipe de direction, à une direction S&ST ou une autre direction (production, RH, maintenance, etc.).

◆ Impacts pour l'organisme

Tous les travailleurs sont concernés : « Les travailleurs, à chaque niveau de l'organisme, doivent assumer la responsabilité des éléments du système de management de la S&ST dont ils ont la charge », cela favorise l'intégration du SM S&ST à tous les niveaux de l'organisme.

◆ Impacts sur l'audit

Questions possibles Suggestion de pratique ?	Modes de preuve possibles	Posture/Enjeu de l'audit
Quels sont les rôles pertinents du SM S&ST ? Comment les responsabilités et autorités sont-elles définies et attribuées ? Comment la direction s'assure que chaque travailleur assume sa responsabilité ?	Organigramme, délégations en matière de S&ST, fiches de fonction détaillées ou non, lettres de mission pour des projets spécifiques, procédures, entretiens individuels, etc.	À croiser avec la réalité du terrain
Comment la direction suit la performance du SM S&ST ?	Revue de direction Comité de pilotage Plan d'action	Vérifiez que c'est bien la direction qui assure ce rôle et non uniquement le responsable S&ST

Questions possibles Suggestion de pratique ?	Modes de preuve possibles	Posture/Enjeu de l'audit
Avez-vous défini les rôles, responsabilités et autorités pour vous assurer que le système est conforme ?	Présence d'une autorité/responsabilité pour animer le SM S&ST (équipe de direction, responsable S&ST, responsable production, autres, etc.) Fiche de fonction, délégation de pouvoir, positionnement hiérarchique/fonctionnel par rapport aux autres rôles du SM S&ST, etc. Bilan d'activité (comptes-rendus d'activités, préparation de la revue de direction, bilan sur la performance en S&ST)	Audit classique Vérifiez la capacité réelle de la personne en charge du SM S&ST (autorité, pouvoir décisionnel, etc.)

◆ Exemples de non-conformités

- La direction n'a pas attribué la responsabilité pour s'assurer que le SM S&ST est conforme aux exigences de la norme, et/ou pour rendre compte de la performance.
- Aucune responsabilité/autorité n'est attribuée à l'encadrement de proximité en matière de S&ST.
- Les autorités et les rôles en matière de gestion du SM S&ST ne sont pas communiqués au sein de l'organisme.
- Des responsabilités ont été attribuées, mais ces personnes n'ont pas l'autorité et/ou la compétence réelle en lien avec ces dernières.
- Les comptes-rendus vers la direction ne sont pas assurés tel que prévu.

5.4 Consultation et participation des travailleurs

◆ Évolutions et renforcements

C'est l'un des points clés de la norme.

- L'organisme doit définir la méthodologie, la représentativité, les ressources, l'organisation, etc. Cela comprend toutes les modalités, les procédures, la mise en place d'un CSE/comité de santé et de sécurité, les élections, etc., pour assurer cette consultation et participation.

À noter qu'il n'est pas obligatoire de se reposer sur les IRP du modèle français. Il convient donc de passer en revue toutes les modalités qui permettent de donner la parole (représentative) aux travailleurs. Dans tous les cas, même s'il n'y a pas d'exigence de formalisation d'un processus en tant que tel, l'auditeur s'assure que le système S&ST ne fonctionne pas en marge des instances représentatives/travailleurs ou avec justification.

- Il est attendu un haut niveau de transparence dans le fonctionnement de cette participation et des résultats, quand bien même l'organisme se retrouve confronté à certaines difficultés.

◆ Impacts pour l'organisme

- Les activités de consultation/participation sont intégrées dans le système de management et mises en interactions avec quasiment toutes les composantes du SMS&ST :
  - le contexte de l'organisme ;
  - la politique et les objectifs ;
  - l'approche risques et opportunités ;
  - la gestion des compétences ;
  - le traitement des non-conformités ;
  - la planification des audits ;
  - etc.
- La cocréation (participation) concerne essentiellement les éléments touchant directement les travailleurs : dangers/risques/opportunités (et actions), compétences et formations, communication, prévention et non-conformités ; quand la consultation concerne les éléments structurant du SM S&ST : parties intéressées, politique et objectifs, acquisition de biens et services, dispositifs de surveillance, amélioration continue, etc.
- Attention à la définition du mot « travailleur » qui élargit considérablement le scope des personnes avec qui l'organisme élabore son SM S&ST (voir § 3.3).
- Les éléments décrits ne sont pas limitatifs, l'organisme doit adapter ces exigences à ses besoins et le faire *via* la participation des travailleurs qui coopèrent ainsi au bon fonctionnement du SM.
- La participation doit être le fer de lance de l'implication des travailleurs (voir annexe) et notamment *via* les remontées d'information.

◆ Impacts sur l'audit

Questions possibles Suggestion de pratique ?	Modes de preuve possibles	Posture/Enjeu de l'audit
Où les activités de consultation/participation s'intègrent-elles ?	Contenu des processus du système de management	Sachez comment sont pris en compte les travailleurs non internes à l'organisme
Comment identifiez-vous et prenez-vous en compte les besoins et attentes des travailleurs ? Comment la direction a-t-elle consulté les travailleurs lors de l'élaboration de la politique ?	Comptes-rendus des instances de management, des instances de consultation et de participation du personnel, les supports de communication en interne, etc. Suivi des propositions / suggestions des travailleurs	Balayez plus ou moins l'ensemble des éléments requis (au minimum dans la norme). Rencontrez au minimum les IRP si présentes et/ou les membres du comité santé sécurité Interviewez directement un échantillonnage de travailleurs et les sauveteurs secouristes du travail… Note : ISO 17021-10 demande aussi de rencontrer les personnels en charge de la gestion de la santé : médecins et/ou infirmiers en ST
Comment sont prises en compte les barrières à la consultation/ participation [différences de langue, le faible niveau d'alphabétisation… (note 2)] ?	Suivre le traitement des « remontées » terrain en termes d'analyse, de plans d'action et de communication en interne des actions menées Voir les actions de communication et la sensibilisation des acteurs de la prévention (*managers*, RH et IRP) sur les sujets de la diversité, du handicap, etc.	Renseignez-vous sur les taux de participation, la compréhension des différents éléments… *via* l'audit terrain

◆ Exemples de non-conformités

- Plusieurs obstacles ou barrières à la consultation/participation ont été identifiés et n'ont pas été traités.
- Les travailleurs non-encadrants ne sont pas intégrés aux dispositions permettant la consultation et/ou la participation.

- L'identification des dangers et l'évaluation des risques n'ont pas été réalisées en concertation avec les travailleurs.
- Plusieurs catégories de travailleurs ne sont pas représentées dans le mode de fonctionnement choisi (intérimaires, intervenants extérieurs, etc.).
- Les travailleurs ne sont pas inclus dans certains sujets structurant du SM S&ST en consultation et/ou participation (politique, objectifs, communication, mesures de prévention, etc.) sans aucune justification.
- L'arrêt des causeries depuis le déménagement en juin 2018 ne permet plus d'assurer une communication/participation efficace avec le personnel de fabrication.
- Les dispositions relatives à la consultation et participation du personnel ne comprennent pas la participation aux évaluations des risques et aux analyses des événements (hormis pour les accidents), ni la consultation sur la politique et objectifs.

6
Planification

6.1 Actions à mettre en œuvre face aux risques et opportunités

La planification ne doit pas être un événement ponctuel, mais un processus continu. L'identification des dangers et l'évaluation des risques et opportunités doivent donc être réalisées de manière permanente et mises à jour autant que de besoin. Ce point est largement renforcé par la norme ISO 45001 par rapport à l'OHSAS.

Les activités intégrées dans le SM S&ST doivent être évaluées en permanence pour y détecter tous dangers et risques qui peuvent survenir au fil du temps. La prise en compte doit se faire de manière dynamique par l'approche risques et opportunités (R&O) (exemples : se poser la question régulièrement en Codir, Comex, CSE, à tous niveaux, etc.).

6.1.1 Généralités

◆ Évolutions et renforcements

La notion restrictive des dangers, risques et leurs moyens de maîtrise (OHSAS 18001) passe à une notion plus large de prise en compte des enjeux, des exigences des travailleurs et autres parties intéressées et du périmètre d'application (§ 4).

Le fonctionnement du SM S&ST doit être intégré dans cette analyse. La cohérence et la pertinence des risques, des enjeux et des opportunités doivent être démontrées en plus de l'exhaustivité.

NOTE

> Il n'y a pas d'obligation d'information documentée à conserver sur les dangers, les risques et les opportunités, hormis une exigence sur la méthode d'identification et sur les critères.

Impacts pour l'organisme

- Intégrer dans son mode de fonctionnement la prise en compte des risques et opportunités à tous les niveaux de son SM S&ST.
- Lors de la détermination de nouveaux risques et opportunités, avoir une vision très large de son environnement : contexte, parties intéressées, exigences légales et autres, impact sur les autres risques et opportunités, etc.

Impacts sur l'audit

Questions possibles Suggestion de pratique ?	Modes de preuve possibles	Posture/Enjeu de l'audit
Quelles actions de traitement des R&O accompagnent les changements ?	Formations, sensibilisation, réaménagement, nouvelles installations, réorganisations, mises à jour documentaires, etc.	
Quels sont vos R&O ? Comment vous assurerez-vous du traitement des R&O ?	Résultats d'analyses, compréhension des R&O, du SM S&ST, tableau de suivi, surveillance d'action, état d'avancement, contrôles périodiques, efficacité des actions menées, etc.	S'assurer de la récurrence de l'application des bonnes pratiques de maîtrise des risques (R) et prise en compte des opportunités (O)
Quels sont vos principaux R&O ? Quelles actions de traitement des R&O assurez-vous ? Et pour celles accompagnant les changements ?	Critères de hiérarchisation des R&O, méthode de cotation, ordonnancement des actions face aux R&O, etc.	S'assurer que les R&O les plus significatifs sont traités en priorité
Comment les travailleurs et autres parties intéressées ont-ils été associés à la planification d'actions ?	Comptes-rendus de réunion, groupe de travail, principes de gouvernance, etc.	

Exemples de non-conformités

- Absence de méthodologie de détermination des R&O.
- Absence de modalités d'évaluation du traitement des R&O comme planifié.

- Détermination des R&O sans prise en compte des exigences légales ou autres exigences/sans lien avec les résultats escomptés du SM S&ST.
- La planification des différentes actions est incomplète pour :
  - atteindre les objectifs S&ST ;
  - faire face aux risques et opportunités ;
  - et répondre aux exigences identifiées.

6.1.2 Identification des dangers et évaluation des risques et opportunités

◆ Évolutions et renforcements

L'approche est renforcée par la précision de situations spécifiques induisant des facteurs clés de dangers et risques réels et potentiels nécessaires à l'identification et l'évaluation.

Au-delà du périmètre habituel lié à l'environnement de travail, la norme ISO 45001 intègre les R&O issus des éléments de contexte de l'organisme (§ 4.1 et § 4.2), ce qui introduit les nouvelles possibilités de suppression ou réduction des risques par l'identification d'opportunités (approche proactive plutôt que réactive).

La norme ISO 45001 est très détaillée et approfondie. L'approche est explicitée à l'aide de mots simples afin de balayer la vie quotidienne de l'organisme, les tâches réelles, les tâches prescrites, etc.

NOTE

Non-prise en compte des moyens de mise en œuvre à ce stade (*voir* dernier paragraphe du § 4.3.1 OHSAS) car vu plus loin § 6.1.4. Les principes de hiérarchisation sont abordés plus tard également (§ 8.1.2).

◆ Impacts pour l'organisme

Trois étapes clés :

- identification des dangers ;
- évaluation des risques professionnels et autres risques liés au SM S&ST ;
- évaluation des opportunités.

NOTE

L'annexe A.6.1.2 apporte des précisions riches et très instructives pour la compréhension globale des exigences.

6.1.2.1 Identification des dangers

L'identification proactive et continue des dangers dresse une liste exhaustive, mais pas limitative de tous les cas de figure à prendre en compte dans cette identification. On retrouve la logique de la norme ISO 14001 qui consiste à analyser les situations normales, anormales, les changements, l'environnement de proximité, etc. La notion de « balayage permanent, en continu » est largement présente (=> mise en place de moyens qui permettent en permanence dans le temps d'identifier les dangers, exemple : visites de sécurité régulières).

À noter que les points a), b-3) et b-4) insistent sur les facteurs sociaux, humains et organisationnels, ce qui renvoie clairement à l'obligation de prise en compte des RPS (et plus) dans l'identification des dangers.

6.1.2.2 Évaluation des risques pour la S&ST et des autres risques liés au SM S&ST

Cette partie fait bien la distinction entre les deux typologies de risques à prendre en compte et à évaluer :

- les risques professionnels issus principalement des dangers identifiés tenant compte des obligations de conformité ;
- les risques liés au SM S&ST pouvant l'empêcher d'atteindre le ou les résultats visés.

À noter que l'organisme doit conserver les informations documentées décrivant les méthodes et critères d'évaluation tenant compte de la notion d'espace/temps (domaine d'application, calendrier) de façon proactive et fréquente plutôt que réactive et ponctuelle.

6.1.2.3 Évaluation des opportunités pour la S&ST et des autres opportunités liées au SM S&ST

La norme ISO 45001 oblige à évaluer les opportunités de manière spécifique. Comme pour l'évaluation des risques, l'évaluation des opportunités doit porter sur la S&ST et sur le SM S&ST.

Ce paragraphe distinct doit inciter l'organisme à réfléchir de façon systématique et en continu aux améliorations à mettre en œuvre en faveur de la performance en S&ST (qui peut contribuer à une amélioration de la QVT par exemple).

L'organisme veillera à mettre en place certaines dispositions comme : système de veille technologique, bonnes pratiques, partage avec les parties intéressées, participation active des travailleurs, boîtes à idées, causeries, etc.

◆ Impacts sur l'audit

Questions possibles Suggestion de pratique ?	Modes de preuve possibles	Posture/Enjeu de l'audit
Comment avez-vous fait pour identifier vos dangers ? Comment avez-vous évalué vos risques et opportunités ? Comment prenez-vous en compte les enjeux, le contexte, les attentes des parties intéressées dans cette analyse ?	Méthode pour identifier les risques et opportunités Liste de risques et opportunités hiérarchisés Cartographie des risques et opportunités Matrice de matérialité Compte-rendu de réunions de travail avec participation des travailleurs	Comprendre comment a été construite l'approche risque et opportunité dans l'organisme, comment elle vit et qui participe à sa mise à jour au fil du temps
Comment identifiez-vous les dangers inattendus ?	Consignes, alertes, précautions mises en œuvre systématiquement ou de façon inopinée et intégration dans le SM S&ST, remontées d'information + traitement, formation/sensibilisation au poste de travail, etc.	Adaptation de l'organisme à l'imprévu, identification des cas possibles et prise en compte Connaissances à contrôler sur le terrain auprès des travailleurs
Quelles dispositions sécurité régissent les activités des sous-traitants ?	Plan de prévention, consignes, protocoles mis en œuvre pour maîtriser les coactivités	Mise en œuvre à contrôler sur le terrain
Les activités du voisinage représentent-elles un danger ?	Mise en œuvre d'action de protection ou prévention sur le sujet, échanges avec les parties intéressées	À croiser avec les informations récupérées pendant la préparation de l'audit
À quelles conditions révisez-vous votre évaluation des risques ?	Date de dernière mise à jour lors de changements internes, critères, périodicité, etc.	À adapter selon le contexte de l'organisme (secteur d'activité, taille, etc.)

Questions possibles Suggestion de pratique ?	Modes de preuve possibles	Posture/Enjeu de l'audit
Quelle visibilité avez-vous des évolutions technologiques en matière de S&ST dans votre profession ?	Veille technologique, participation à des salons, syndicats professionnels, mise en œuvre de programme de substitution, de suppression des risques, etc.	Assurez-vous de la gestion de la connaissance en matière de S&ST

◆ Exemples de non-conformités

- L'organisme n'a pas déterminé les risques et opportunités liés au non-respect d'obligations de conformité (exemple : risque « image » en cas de condamnation juridique pour une entreprise du luxe).
- La méthodologie et/ou les critères d'évaluation des risques ne sont pas définis.
- L'organisme ne procède pas à la mise à jour de son évaluation des R&O lors de changements dans son organisation.
- Les situations inhabituelles, anormales, d'urgence ou en mode dégradé ne sont pas prises en compte lors de l'évaluation des R&O.
- Les R&O liés au SM S&ST identifiés ne tiennent pas compte des enjeux internes et externes et/ou des évolutions de la réglementation.

6.1.3 Détermination des exigences légales et autres exigences applicables

◆ Évolutions et renforcements

Pas de changement majeur. Cette partie reste centrale dans le SM S&ST.

◆ Impacts pour l'organisme

Organisation en trois étapes :

1. Identifier les obligations légales et autres exigences liées aux dangers et risques pour la S&ST, mais également à son SM S&ST.
2. Préciser comment ces exigences s'appliquent et sur quoi communiquer. Cela induit la nécessité de pouvoir traduire concrètement les exigences en consignes opérationnelles et d'assurer que ces consignes sont transmises aux bons niveaux, comprises et mises en œuvre.

3. Agir concrètement dans le SM S&ST (plan d'action) et donc, démontrer la conformité (*voir* § 9.1.2).

À noter que des informations documentées doivent être produites, mises à jour et conservées.

Note

Ces exigences légales et autres, constituent une des données d'entrée de l'évaluation des risques et des opportunités.

Attention

La note au bas du paragraphe évoque l'identification des risques & opportunités liés à la réglementation générale et pas uniquement S&ST : l'application d'une exigence réglementaire environnementale peut, par exemple, générer des risques S&ST induits.

◆ Impacts sur l'audit

Questions possibles Suggestion de pratique ?	Modes de preuve possibles	Posture/Enjeu de l'audit
Quelles sont les exigences légales ? Les autres exigences applicables ? Quels dispositifs de veille sont mis en œuvre ? Qui y contribue ?	Recueil des textes, abonnements à des revues, des logiciels, contrats avec des prestataires de services de veille, etc. Procédure de veille réglementaire	Interviewez les services qui sont susceptibles de contribuer à la veille : QHSE, DRH, DJ, DAF, etc.
Comment et par qui ces exigences sont-elles interprétées et traduites ?	Consignes, note de service, causeries, rédaction de modes opératoires, mise en place de moyen de prévention des risques, etc.	Comprendre comment la veille réalisée se traduit en actes concrets dans l'organisme et touche les travailleurs impactés
Comment procédez-vous pour consulter les travailleurs non-encadrants dans la mise en œuvre des exigences légales et autres ?	Comptes-rendus de réunion, causeries, convocation/invitation à des groupes de travail	Identifiez les flux d'information : information des travailleurs d'une nouvelle exigence, mise en œuvre de la consultation, prise en compte du résultat de consultation dans la décision, etc.

Questions possibles Suggestion de pratique ?	Modes de preuve possibles	Posture/Enjeu de l'audit
À qui ces exigences/ consignes sont-elles communiquées ?	Comptes-rendus de réunion, affichage de consigne sur le terrain, identification des parties intéressées concernées, etc.	N'oubliez pas de vérifier l'information des sous-traitants, les plans de prévention et autres moyens de communication des exigences applicables aux structures extérieures
Comment est vérifiée la conformité réglementaire et aux autres exigences ? Quelle fréquence ? Quelle qualification pour les personnes chargées de la vérification ?	Rapport d'audits interne, d'audits réglementaires Plan de formation	Vérifiez que les outils de contrôle balayent les réponses aux exigences légales et aux autres exigences

◆ Exemples de non-conformités

- L'organisation mise en place pour la veille et la conformité réglementaire ne prend pas en compte les autres exigences auxquelles le SM S&ST doit répondre.
- L'organisme n'a pas pris en compte l'ensemble des exigences légales et autres exigences qui lui sont applicables dans son SM S&ST.

6.1.4 Planification des actions

◆ Évolutions et renforcements

La norme ISO 45001 précise l'importance d'intégrer ces actions dans les processus métiers de l'organisme.

◆ Impacts pour l'organisme

L'organisme doit mettre en œuvre des actions face aux R&O, aux obligations de conformité et aux situations d'urgence.

Ces actions doivent être intégrées au sein des processus métiers et l'organisme doit en mesurer l'efficacité.

Les actions seront priorisées selon la hiérarchie des mesures de prévention en prenant en compte la faisabilité technologique, économique, financière et opérationnelle.

ATTENTION

Le paragraphe introduit la notion d'évaluation de l'effectivité/efficacité de ces actions. Cela implique de déterminer les actions pertinentes pour remplir les objectifs (*voir* § 6.2.1), mais également d'assurer que ces actions seront réellement mises en œuvre (exigences de résultats = efficacité ; mais aussi de moyen = effectivité).

◆ Impacts sur l'audit et exemples de non-conformités

Voir le § 6.2 qui regroupe les objectifs et les plans d'action.

6.2 Objectifs de S&ST et planification des actions pour les atteindre

6.2.1 Objectifs de S&ST

◆ Évolutions et renforcements

La norme ISO 45001 introduit de nouvelles exigences concernant les objectifs de S&ST relatives à :

- la prise en compte des risques et des opportunités (§ 6.1.2.2 et § 6.1.2.3) ;
- leur surveillance et leur communication ;
- la prise en compte de la consultation des travailleurs et IRP.

◆ Impacts pour l'organisme

Les objectifs définis par l'organisme doivent être en corrélation avec l'ensemble du SM S&ST : politique, obligations de conformité, évaluation des R&O ; et être tenus à jour en fonction de l'évolution de ces éléments.

◆ Impacts sur l'audit

Questions possibles Suggestion de pratique ?	Modes de preuve possibles	Posture/Enjeu de l'audit
Quels sont les objectifs de S&ST ? Comment les avez-vous définis ? Comment les travailleurs et IRP ont été consultés ?	Politique S&ST, tableau de bord, comptes-rendus de revue de direction, etc. Comptes-rendus de réunion de consultation, etc.	Vérifiez bien que les objectifs sont quantifiables, mesurables ou évaluables

Questions possibles Suggestion de pratique ?	Modes de preuve possibles	Posture/Enjeu de l'audit
Quels sont les objectifs fixés : • face au R&O ? • pour répondre aux exigences légales et autres ? • pour anticiper les situations d'urgence ?	Tableau de bord d'objectifs, indicateurs de performances Objectifs/indicateurs par processus	
Comment les objectifs sont-ils déclinés ? À qui ?	Entretiens individuels, causeries, fiches de fonction, etc. Objectifs/indicateurs par processus	Vérifiez bien que les objectifs sont adaptés et compris à chaque niveau
Quand et en fonction de quoi sont-ils remis à jour ?	Critères, comptes-rendus de revue de direction, comptes-rendus de Copil, etc.	Vérifiez la prise en compte des dernières modifications importantes dans l'organisation de l'organisme

◆ Exemples de non-conformités

- Les objectifs ne sont pas communiqués aux travailleurs.
- Les objectifs définis ne vont pas dans le sens d'une amélioration de la performation en S&ST.
- Il n'y a pas d'objectifs de S&ST sur la réduction des risques significatifs.
- Les objectifs ne sont pas mis à jour à la suite du changement de politique S&ST.

6.2.2 Planification pour l'atteinte des objectifs de S&ST

◆ Évolutions et renforcements

Les actions doivent être intégrées dans les processus métiers de l'organisme.

◆ Impacts pour l'organisme

Dès la construction du plan d'action, l'organisme doit déterminer le « quoi », le « comment », le « qui », le « quand », le « pourquoi » (évaluation du résultat) et comment elle surveillera le bon fonctionnement de sa planification des actions (effectivité/efficacité).

◆ Impacts sur l'audit

Questions possibles Suggestion de pratique ?	Modes de preuve possibles	Posture/Enjeu de l'audit
Quelles sont les actions d'amélioration définies ? Comment ont-elles été déterminées ?	Plan d'action documenté	Attention, conformément au § 6.1.4, vérifiez bien que les plans d'action prennent en compte les risques et opportunités, les exigences légales et autres, les situations d'urgence
Comment priorisez-vous vos plans d'action ?	Méthodologie, critères, tableau de suivi, etc.	Identifiez si la hiérarchie des mesures de prévention + les critères technologiques, économiques, financiers et organisationnels sont pris en compte dans les critères de priorisation
Comment est organisé le pilotage des plans d'action ?	Processus, pilotes d'action, outils de *workflow*, indicateurs de suivi, etc.	Attention à la charge de travail à mener pour un responsable d'action d'un plan à l'autre
Quelles actions sont mises en œuvre pour atteindre les objectifs de S&ST ?	Plan d'action documenté	Assurez-vous que les indicateurs de surveillance et les ressources nécessaires ont été définis en amont
Quelles sont les modalités de communication des plans d'action ?	Affichage, réunions, causeries, etc.	Vérifiez la bonne compréhension du rôle de chacun *via* les *interviews* sur le terrain
Comment l'efficacité des actions est-elle mesurée ?	Indicateurs qui permettront de suivre l'avancement des actions des programmes et surveiller l'avancement de la réalisation des objectifs de S&ST (efficacité)	Il est important de vérifier que les critères d'efficacité ne portent pas sur la réalisation de l'action, mais bien sûr l'atteinte ou non du résultat recherché
Quelles sont les modalités de traitement des non-conformités par rapport aux obligations de conformité ?	Prise en compte dans les plans d'action des risques et opportunités/non-conformités aux obligations de conformité/situations d'urgence, objectifs et des éléments de la politique de S&ST	

Questions possibles Suggestion de pratique ?	Modes de preuve possibles	Posture/Enjeu de l'audit
Quelles sont les modalités de mise à jour des plans d'action ?	Critères, périodicité, comptes-rendus de réunion, etc.	Assurez-vous que les plans d'action sont bien des outils du quotidien de l'organisme et qu'ils intègrent l'ensemble des remontées d'information du système

◆ Exemples de non-conformités

- Dans la planification des actions, les échéances, les ressources et les responsabilités ne sont pas déterminées.
- Les actions ne sont pas intégrées aux processus métier, mais toutes pilotées par le responsable S&ST, sans que sa charge de travail ne soit évaluée.
- L'effectivité/efficacité des actions n'est pas évaluée.
- Les ressources nécessaires à la bonne réalisation des actions ne sont pas identifiées en amont de leur réalisation.

7
Supports

7.1 Ressources

◆ Évolutions et renforcements

La norme ISO 45001, selon la HLS, fait la distinction entre les rôles, responsabilités et autorités (*voir* § 5.3) et les ressources, incluant tous types de ressources (humaines, financières, matériel, technique, etc.).

Cette exigence est très synthétique dans le référentiel. Elle fait appel au bon sens et au pragmatisme des organismes pour l'établissement, la mise en œuvre, la tenue à jour et l'amélioration continue du SM S&ST.

Il est demandé à l'organisme d'identifier les ressources nécessaires avant de les fournir. Ce qui semble logique, toutefois, il doit y avoir adéquation des ressources au regard des enjeux.

◆ Impacts pour l'organisme

Il s'agit de mettre à disposition toutes les ressources nécessaires pour l'atteinte des résultats attendus par le SM S&ST.

NOTE

> Dans le cadre des audits à valeur ajoutée, et en cohérence avec les normes ISO 9001 et ISO 14001, il convient d'inciter les organismes à renforcer l'adéquation des ressources pour la conduite du changement, le management des projets, etc., ainsi que les liens entre les budgets et les plans d'action. Une approche de la notion de ROI (retour sur investissement) peut être envisagée sur les actions engagées dans le cadre du SM, ce qui renforcera encore son intégration et son efficacité.

◆ Impacts sur l'audit

Questions possibles Suggestion de pratique ?	Modes de preuve possibles	Posture/Enjeu de l'audit
Comment déterminez-vous les ressources nécessaires (humaines, matérielles, financières, etc.) ? Comment vous assurez-vous de la concordance entre les ressources déterminées et les ressources fournies ? Comment revoyez-vous ces points (fréquence, périodicité, selon quels événements, etc.) ?	Organigramme, fiche de fonction, matrice des rôles et responsabilités, *plannings*, budget, suivi budgétaire, bilans	Attention, limitez-vous aux ressources pour le SM S&ST Recoupez les réponses avec les réponses fournies par la suite aux paragraphes suivants pour statuer Analysez les processus opérationnels, détectez les éventuels manques de moyens, d'effectifs, (équipes dédiées, temps partiel, répartition des rôles, coordination, remontée des résultats, etc.)
Déceler en quoi les actions liées au SM S&ST ne sont pas ou plus dans l'amélioration continue	Constat de défaut de ressource(s) de communication informatique, infrastructures, moyens liés aux situations d'urgence, etc.	Selon l'importance des défauts, évaluez la gravité du dysfonctionnement en fonction des risques engendrés
Analyser les plans d'action, vérifier l'effectivité/efficacité	Report de dates de réalisation sans justification, sans décision de la direction	Selon l'importance des lacunes, un PS ou une NC en fonction des risques engendrés En cas de non-réalisation des actions prévues, la norme ISO 45001 permet de statuer sur d'éventuels écarts en constatant que toutes les ressources nécessaires n'ont pas été mises en œuvre (en lien éventuellement avec les § 5.1 et § 5.3)

Questions possibles Suggestion de pratique ?	Modes de preuve possibles	Posture/Enjeu de l'audit
Regarder les retours d'expérience sur des décisions ou des actions démontrant le réajustement de ressources De quel type de ressource s'agissait-il ? En combien de temps, y a-t-il eu réaction face aux manques de ressources ? Est-ce que ce manque de ressources est ponctuel et imprévisible ou régulier et anticipable ?	Modification du *planning*, fiches d'écart, comptes-rendus de réunion, remontée d'information, plans d'action, etc. Retour d'expérience, analyse des causes, etc.	Ressources humaines, financières, mais aussi infrastructures, technologie, systèmes informatiques, communication, confinement (ou situations) en cas d'urgence, etc. Mesurez la réactivité par rapport aux risques réels ou potentiels et la fréquence de survenance de ces événements

◆ Exemples de non-conformités

- Des ressources identifiées (RH, informatique, etc.) nécessaires au bon fonctionnement du SM S&ST ne sont pas mises en œuvre.
- Demande pertinente de ressources pour le SM S&ST non satisfaite.

7.2 Compétences

◆ Évolutions et renforcements

- La compétence peut être acquise par la formation initiale (cursus), l'expérience professionnelle, ou tout autre moyen (tutorat, compagnonnage, etc.).
- L'organisme doit déterminer (travail d'anticipation) les besoins en compétence pour les personnes (travaillant au sein de l'organisme ou pour son compte) ayant une incidence sur la performance en S&ST et la conformité aux exigences.
- Deux typologies de personnes doivent être identifiées par l'organisme : les personnes effectuant, sous son autorité (salariés) ou pour son compte (sous son contrôle), un travail (une tâche) qui a une incidence sur les performances et les exigences de conformité :
  - exemples *vs* autorité : les salariés (CDI, CDD), les intérimaires, les stagiaires, etc. ;
  - exemples *vs* contrôle : les sous-traitants effectuant des tâches ponctuelles (nettoyage d'un équipement, montage d'un échafaudage, etc.) ou ayant un contrat d'externalisation (gestion des accès, d'utilités, etc.),

les fournisseurs comme les conducteurs qui font des opérations de chargement/déchargement, etc.

Nouveautés dans la norme ISO 45001 : l'exigence de compétence liée à la « capacité d'identifier les dangers » et la notion d'effectivité sur les actions de développement des compétences qui renforce le critère d'efficacité.

◆ Impacts pour l'organisme

Savoir identifier dans son organisme les personnes/services contributeurs pour la performance en S&ST et à la conformité aux exigences applicables (mesures, indicateurs) et les besoins en compétences associés.

Le champ d'application de ce paragraphe est « les travailleurs » qui renvoie à la définition (§ 3.3). De ce fait sont inclus :

- le salarié dans toutes ses configurations possibles (intérim, stagiaires, régulier ou temporaire, intermittent ou saisonnier, etc.) ;
- la direction et le personnel d'encadrement ;
- les prestataires, les particuliers, les indépendants, le personnel réalisant les activités externalisées, etc.

Les compétences sont donc à vérifier pour l'ensemble du personnel de l'organisme quel que soit leur statut et également pour les travailleurs extérieurs (prestataires, sous-traitants, processus externalisés, etc.).

L'annexe apporte un complément non négligeable à l'exigence avec une liste exhaustive en onze points des domaines de compétences à intégrer qui inclut, au-delà des formations et qualifications ainsi que l'expérience, les exigences légales, les mesures de prévention, les devoirs et responsabilités, les conséquences potentielles de (non-) conformité, etc. Cette liste aborde même des thématiques proches de la RSE avec le point j) (aptitudes individuelles/linguistiques, niveau d'alphabétisation, diversité).

Les formations obligatoires incluent les formations au droit de retrait et au droit d'alerte ainsi que celles liées aux fonctions de représentation dans le domaine de la S&ST.

Enfin, l'annexe spécifie un complément qui s'applique pour la France : « Dans de nombreux pays, la fourniture d'une formation gratuite aux travailleurs est une exigence légale. »

La notion de « réaffectation du personnel » (voir la note) dans le domaine S&ST introduit la notion de postes adaptés (liés aux restrictions médicales, à l'adaptation de postes à la suite d'un événement indésirable, à la prise en compte de la diversité, etc.).

◆ Impacts sur l'audit

Questions possibles Suggestion de pratique ?	Modes de preuve possibles	Posture/Enjeu de l'audit
Comment déterminez-vous les compétences nécessaires : • pour les personnes internes ? • pour les personnes externes (S/T, intérim, etc.) ? Sur quelles bases les travailleurs sont-ils considérés comme compétents (formation apprentissage, expérience, etc.) ? Comment ces compétences sont-elles conservées au fil du temps ? Existe-t-il une liste de personnes possédant des qualifications, des habilitations (CACES, SST, manipulation extincteurs, habilitation électrique, levage, etc.), des formations particulières (CEFRI, ADR, etc.) ?	*Planning* des échéances des formations obligatoires, les définitions de fonctions, de postes, etc. Un tableau de compétences identifiées pour les besoins de la performance en S&ST Un tableau des performances en S&ST et en regard les personnes/services contributeurs Une liste des personnes/fonctions/services qui impactent la performance S&ST Les comptes-rendus d'entretiens individuels, des tests de connaissance à l'embauche, à la prise de poste pour les externes, etc. Les sessions d'accueil « sécurité/environnement » Examen des dossiers individuels du personnel (CV, habilitations, qualifications, etc.)	Attention, le dispositif doit être dimensionné au profil de la personne et à son expérience, aux exigences du poste (l'auditeur doit être à même de juger de la pertinence du dispositif)
Demander le plan de formation, les formations obligatoires, les habilitations particulières (autorisation de conduite, électricité, gaz, etc.), les formations aux risques poste par poste, aux situations d'urgence et actions à mener, etc.	Plan de formation, habilitations	Existence ou non Statuez sur la non-maîtrise du maintien des compétences en cas de dérives trop importantes du plan de formation et le(s) dépassement(s) des dates de validation
Y a-t-il des formations à la méthode d'identification des dangers (en lien avec le § 5.4, point sur lequel il est demandé la participation du personnel)	Formation à l'identification des dangers	Soyez ouvert à tout nouveau type d'acquisition des compétences (exemples : *e-learning*, *MOOC*, etc.)

Questions possibles Suggestion de pratique ?	Modes de preuve possibles	Posture/Enjeu de l'audit
Le plan de formation est-il réalisé ? Que deviennent les formations planifiées mais non réalisées l'année « n » ? Comment mesurez-vous l'efficacité de ces actions de formation ?	Pour vérifier l'effectivité/efficacité : voir les rapports d'audits internes éventuels, les revues de processus (si intégrés dans ISO 9001), les plans d'action, les fiches d'écarts éventuellement ouvertes, etc. Les enregistrements associés allant jusqu'à la vérification de l'efficacité des actions (formation, appréciation du formé, du N+1, etc.) Grilles des entretiens annuels. Les contenus des entretiens individuels permettent au management d'évaluer la compétence acquise et l'efficacité des formations	S'il y a écart sur l'effectivité, il faudra démontrer qu'une absence de ressources ne permet pas d'atteindre les résultats attendus
Existe-t-il une vérification des compétences au-delà des formations, qualifications et expérience professionnelle telle que (*voir* liste) : • la maîtrise de la langue est-elle connue ? • le format des formations et documents sont-ils accessibles et compréhensibles ? • le niveau d'alphabétisation est-il connu ? • y a-t-il des mesures prises et adaptées dans ce domaine ?	Voir supports de formation éventuels et vérifier le contenu par rapport à la liste Vérifier sur le terrain le niveau de compréhension des travailleurs	On exigera au minimum la présentation de la politique S&ST dans les supports de formation ainsi que l'identification des risques et les moyens de prévention (prévus et à prévoir) Pour les autres *items*, les écarts seront à mesurer (annexe et non exigence)
Lors d'un projet, l'aspect compétences est-il inclus ?	Voir le service « conception » ou « projet d'amélioration » pour vérifier la mise à jour (éventuelle) des compétences	

Questions possibles Suggestion de pratique ?	Modes de preuve possibles	Posture/Enjeu de l'audit
Existe-t-il des formations sur les sujets « droit de retrait » et « devoir d'alerte » et comment sont-elles perçues ? Existe-t-il des formations pour les représentants dans le domaine S&ST ? Respectez-vous uniquement l'exigence légale d'entretien périodique avec le personnel ou allez-vous au-delà ?	Vérifier la connaissance sur le terrain Voir les formations à l'identification des risques, à la recherche de causes (enquête à la suite d'un événement indésirable) Formations sur les droits et devoirs des salariés	Les écarts seront à mesurer (annexe et non exigence) (*voir* § 7.3 f) sur ce sujet)
Les formations sont-elles organisées pendant le temps de travail sans frais pour les participants ?	Il peut y avoir utilisation du CPF éventuellement	Les écarts seront à mesurer (annexe et non-exigence)
Vérifier le format des documents, la traçabilité, le mode de conservation, le mode d'accessibilité (préservation des données personnelles)	Dossier du personnel, logiciel de GPEC, etc.	Faites le lien avec la procédure de maîtrise documentaire et des enregistrements
À vérifier auprès de la personne idoine (autre service que RH éventuellement) : quelles sont les mesures prévues pour vérifier les compétences des personnes extérieures ?	Exigences du cahier des charges ou appel d'offres, mentions dans la commande Support de présentation, validation des acquis, documents remis Copie des titres d'habilitations, plan de prévention avec compétences par personne Existence de listes de personnes avec les compétences requises	Vérifiez le cas échéant sur le terrain Sachez si des remplacements sont prévus en cas d'absence

Questions possibles Suggestion de pratique ?	Modes de preuve possibles	Posture/Enjeu de l'audit
Quels sont les dispositifs prévus pour réintégrer le personnel ? Y a-t-il des postes adaptés ?	Nombre de ré-accueil Nombre de postes adaptés	
Demander les cas de jugement prud'homal, en analyser les raisons et vérifier les justifications apportées pour les cas litigieux	Préservation du droit de retrait et du devoir d'alerte	

◆ Exemples de non-conformités

- Alors qu'ils sont exposés à des dangers potentiellement graves et imminents, les travailleurs n'ont pas eu recours à leur droit de retrait ou devoir d'alerte.
- Les travailleurs ne connaissent pas la méthodologie d'identification des dangers de l'organisme.
- Il n'y a pas de preuve que les travailleurs exposés à un risque d'incendie aient été formés au poste, aux dangers associés et réflexes à acquérir en cas de situation d'urgence.
- La personne en charge de réaliser la veille réglementaire a été remplacée à la suite d'un arrêt maternité et son remplaçant n'a pas les compétences associées. Des dysfonctionnements liés à la conformité administrative sont constatés du fait d'évolutions récentes de la réglementation (pénibilité, suivi médical, habilitations, etc.).

7.3 Sensibilisation/prise de conscience

◆ Évolutions et renforcements

La notion de prise de conscience accolée au titre accentue la finalité de la sensibilisation et l'objectif attendu : une meilleure prise de conscience de l'ensemble des éléments, objets de la sensibilisation.

◆ Impacts pour l'organisme

Dans ce paragraphe aussi, le champ d'application est « les travailleurs » avec tout ce que ça implique (cela est reprécisé dans l'annexe A.7.3).

Le contenu de la sensibilisation doit aborder tous les *items* prévus.

La norme ISO 45001 accentue sur le fait d'un contenu adapté en fonction des activités. La sensibilisation abordera également les événements indésirables et les résultats des analyses.

Il n'est pas abordé la notion de révision ou de mise à jour de la sensibilisation. Néanmoins, avec la notion de « prise de conscience », il sera possible de statuer sur la perte de la prise de conscience et donc d'une sensibilisation dont l'efficacité a diminué (avec le temps).

◆ Impacts sur l'audit

Questions possibles Suggestion de pratique ?	Modes de preuve possibles	Posture/Enjeu de l'audit
Quelles sont vos dispositions en matière de sensibilisation ? Comment vous assurez-vous que les personnes/personnels sont bien sensibilisés à la politique, aux dangers et aux risques réels ou potentiels, à leur contribution au SM S&ST ?	Résultats d'audit *spot* terrain (très important ! C'est bien sur le terrain, en échangeant avec les personnes que l'on vérifiera l'efficacité des sensibilisations) Niveau de sensibilisation de l'ensemble des collaborateurs et des parties intéressées travaillant sous le contrôle de l'organisme (fournisseurs, visiteurs, intérims, stagiaires, etc.) Fiches de progrès initiées par le personnel sur la thématique S&ST, en relation avec leur travail direct et les performances obtenues Remontées d'info sur des NC Suivi du nombre de suggestions en lien avec la S&ST par le personnel	**Attention** : ne vous arrêtez pas aux seuls salariés, allez voir les sous-traitants, les intérimaires, etc. Croisez avec des acteurs du terrain

Questions possibles Suggestion de pratique ?	Modes de preuve possibles	Posture/Enjeu de l'audit
Interroger sur les risques liés aux postes de travail Quels sont les risques liés à votre poste ? Comment les avez-vous identifiés ? Avec qui ?	Supports de sensibilisation, comptes-rendus de réunion, supports d'information, affichage, formations, etc. *Interview* des travailleurs Constat sur le terrain Voir la cohérence avec le DUER	Il y a nécessité de vérifier sur le terrain comment la sensibilisation a été intégrée (notion de prise de conscience) La logique étant de vérifier la compréhension par les travailleurs des éléments de sensibilisation N'oubliez pas de vérifier les effets bénéfiques ressentis par le personnel
Comment organisez-vous le retour d'expérience et la consolidation des situations d'urgence, presque accidents, etc. ?	Comptes-rendus de causerie, mise à jour des supports de sensibilisation, comptes-rendus de réunion d'équipe, etc.	
Quels sont les moyens prévus pour sensibiliser les travailleurs temporaires, les intervenants extérieurs, les visiteurs et autres parties intéressées ? Quels supports utilisés ? Aborde-t-on les dimensions droits et devoirs des salariés ?	À vérifier avec les personnes concernées : maintenance ? RH ? En tant que visiteur soi-même lors d'un audit, il est facile de vérifier si les informations ont été données (accueil ou notice…)	
Comment assurez-vous la mise à jour de la sensibilisation des salariés sur ces aspects ?	Périodicité des sensibilisations, mise à jour du livret d'accueil, des supports de causerie, répétabilité des actions de sensibilisation, etc.	À partir de quel moment décide-t-on d'une nécessaire mise à jour des supports (évolution des événements indésirables, des risques, des actions décidées, etc.)
Avez-vous des dispositions particulières pour sensibiliser les personnes travaillant pour votre compte (*in situ* et hors site) ?	Causerie, plan de prévention, accueil, encadrement, etc.	

◆ Exemples de non-conformités

- Le personnel n'a pas conscience des dangers et des risques qui le concernent et/ou des événements indésirables ou actions qui le concernent.
- Le personnel SST n'a pas été sensibilisé à l'importance de leur rôle en cas d'événement indésirable.
- Les intérimaires n'ont pas connaissance des éléments de la politique de S&ST de l'organisme.
- Les travailleurs ne connaissent pas les conséquences potentielles s'ils utilisent leur droit de retrait.

7.4 Communication

7.4.1 Généralités
7.4.2 Communication interne
7.4.3 Communication externe

◆ Évolutions et renforcements

Les exigences de la norme ISO 45001 sous-entendent la mise en place d'un plan de communication précisant quoi, quand, avec qui et comment (définir un processus).

Le « avec qui » peut être très large en fonction des besoins (internes et externes) et s'étend potentiellement à toutes les parties intéressées.

La norme demande la conservation des preuves de ces communications.

La communication doit prendre en compte les exigences de conformité (légales et autres), elle doit être cohérente avec le SM S&ST et fiable.

◆ Impacts pour l'organisme

La prise en compte de la langue, du handicap, et du degré d'alphabétisation ne doit pas amener à la trop grande simplification de l'information.

L'objectif de la communication interne est bien de s'assurer de la communication descendante et ascendante.

La question est de savoir déterminer la pertinence d'une « opinion » d'une partie intéressée externe. Pour cela, il peut être fait un lien avec les besoins et attentes des parties intéressées en termes de transparence et d'information à communiquer, sans oublier les liens avec les exigences du § 5.4.

Les réponses attendues aux demandes d'information doivent être adaptées et pertinentes.

Enfin le processus de communication doit être efficace.

◆ Impacts sur l'audit

Questions possibles Suggestion de pratique ?	Modes de preuve possibles	Posture/Enjeu de l'audit
Comment déterminez-vous les besoins en communication pour l'interne ?	Mise en cause des données communiquées (ou félicitations)	Le minimum de communication requis, que ce soit en interne ou en externe, est lié aux exigences légales et autres : faites le lien avec les exigences de participation et consultation
Comment déterminez-vous les besoins en communication pour l'externe ? Quelles sont les parties intéressées qui pourraient être pertinentes en matière de communication ? Comment en identifiez-vous de nouvelles ? Avez-vous identifié des obligations de conformité émanant des parties intéressées en matière de communication ? Comment sont traitées les plaintes, les demandes externes ? Quelles réponses sont apportées ?	Registre des demandes, des courriers de plaintes et/ou de réclamations archivés, ainsi que les courriers de réponse Mise en cause des données communiquées (ou félicitations) Compte-rendu de réunion avec les parties intéressées (recueil de leurs besoins, exigences) Examen des documents de communication. Le croisement avec les attentes et besoins des parties intéressées (**§ 4.2**) s'avérera très utile	Le minimum de communication requis, que ce soit en interne ou en externe, est lié aux exigences légales et autres : transmission des accidents de travail et des analyses de causes, par exemple Il est important de réaliser une veille sur Internet ou par tout autre moyen (presse spécialisée, etc.) dans la phase de préparation de l'audit. Cela permettra d'identifier s'il y a ou pas des attentes, voire des exigences de parties intéressées Un des points majeurs sur le volet communication externe est d'éviter la rétention d'informations auprès de parties intéressées pertinentes

Questions possibles Suggestion de pratique ?	Modes de preuve possibles	Posture/Enjeu de l'audit
Le plan de communication intègre-t-il l'ensemble des exigences de communication sur la S&ST ?	Formalisation du plan de communication complet avec les sujets, le *planning*, les cibles, les moyens, etc. (Il peut y avoir un plan de communication interne et un plan de communication externe ou un plan de communication commun.)	Appuyez-vous sur les parties intéressées déterminées au § 4.2 et les informations collectées lors de l'audit de ce paragraphe
Quelles sont les preuves documentées de cette communication ?	Les enregistrements, affichages, journaux internes, tableaux d'affichage aux postes, site Internet, *mail*, courrier, documents contractuels, etc.	Vérifiez la facilité d'accès et de compréhension des supports de communication Regardez la nature des supports et les mécanismes de dialogue établis avec chaque partie intéressée, faites le recoupement avec les messages fournis, la compréhension de ces messages par les parties intéressées
Comment mesurez-vous l'efficacité et/ou la pertinence du plan de communication ? Auprès de quelles parties intéressées ? Et comment ?	Tableau de bord, suivi de plan d'action, avancement du plan de communication, etc.	Il conviendra également de s'assurer de la robustesse du processus de reporting (remontée et consolidation d'indicateurs, etc.)

◆ Exemples de non-conformités

- Le processus de communication ne précise pas les moments de communication et en particulier ce qui est prévu en cas de situation d'urgence ou d'événement grave.
- Lors de changements dans l'organisation interne, les sous-traitants de maintenance ne sont pas informés des évolutions du SM S&ST les concernant (exemples : situations d'urgence, règles d'habilitation, etc.).
- Aucun retour quant au traitement des demandes et suggestions des travailleurs n'est réalisé.
- La réponse faite à la demande de partie intéressée pertinente « xxx » n'apporte pas toutes les informations nécessaires.
- Les responsabilités ne sont pas définies dans le « qui fait quoi » concernant le traitement des demandes externes pertinentes

- Autres exemples :
  - absence de plan de communication ;
  - absence de réponse à une plainte pertinente en temps utile (exemple provenant de l'inspection du travail).

7.5 Informations documentées

7.5.1 Généralités
7.5.2 Création et mise à jour des informations documentées
7.5.3 Maîtrise des informations documentées

◆ Évolutions et renforcements

Évolution calée sur les autres normes de système de management du fait de la structure HLS.

Les notions de procédure, d'enregistrements, etc., disparaissent au profit du terme générique « information documentée ». Ce point n'est pas anecdotique puisqu'il doit contribuer à simplifier la structure documentaire des SM S&ST et à les rendre plus agiles et en adéquation avec les nouvelles technologies de l'information (abandon du papier, informations enregistrées dans des bases informatiques, serveurs, logiciels, etc.).

La posture de l'auditeur ne consiste plus à entamer l'audit par le volet documentaire « montrez-moi la procédure relative à… », mais par le résultat, le livrable.

Exemple : quelles sont vos obligations de conformité ? Comment les identifiez-vous et les tenez-vous à jour ? Que faites-vous de l'information ? Comment vous assurez-vous de sa diffusion ? Sa compréhension ? Sa pérennité ? Etc.

Les principales évolutions sont :

- un allégement des exigences relatives à la forme de la documentation du SM S&ST ;
- la richesse/complexité du système documentaire est à la discrétion de chaque organisme en fonction de son activité, sa taille, son besoin, etc. ;
- les exigences sont plus précises sur les notions de format et de support de ces informations documentées ;
- quelques précisions sur la perte de confidentialité, l'usage inapproprié ou la perte d'intégrité ;
- la prise en compte de la spécificité des documents d'origine externe est renforcée.

◆ Impacts pour l'organisme

Le système documentaire de l'organisme peut être plus adapté à ses besoins, son organisation et utiliser des moyens techniques modernes (vidéo, logiciels, applications *smartphone*, etc.). Néanmoins, les exigences de maîtrise de l'information sont tout aussi strictes.

Les organismes peuvent ainsi privilégier l'opérationnalité et la performance.

Exemple : la bonne connaissance et compréhension de pratiques opérationnelles ou de pratiques en situation accidentelle/urgence (port des EPI, ajustage du harnais, consignes incendie, point de rassemblement, gestes de premiers secours, etc.), peuvent justifier l'absence de documents dans des classeurs, par exemple.

Attention toutefois, l'organisme doit demeurer vigilant à ne pas prendre le contre-pied total et supprimer toute trace de documentation. En effet, le risque qui en découle est la perte d'information et/ou de la pérennité du SM S&ST (description de l'analyse des risques, certains enregistrements réglementaires, comptes-rendus d'accidents, etc.).

◆ Impacts sur l'audit

Questions possibles Suggestion de pratique ?	Modes de preuve possibles	Posture/Enjeu de l'audit
Poser les questions classiques en matière de gestion des informations documentées notamment sur : • la création et la gestion des informations documentées • la protection des documents et des données • le mode de stockage (avec sa pérennité) • la lisibilité des informations documentées (un vrai sujet surtout quand on débarque dans un organisme) • l'accessibilité et la diffusion • la facilité de récupération des informations documentées • la fréquence de révision • l'élimination des documents remplacés ou obsolètes (archivage)	Audit classique de gestion des documents et données mais sans nécessairement de procédure à contrôler : • informations demandées par la norme • informations déterminées comme nécessaires par l'organisme • description des éléments principaux du SM S&ST • preuve que l'organisme s'assure de la pertinence de l'identification • preuve que l'organisme s'assure de la revue de l'information documentée	Pas d'exigences de procédure, mais l'organisme doit s'assurer et documenter un minimum d'information pour assurer la performance et la pérennité du SM S&ST et notamment les descriptions de processus (méthodologie, organisation) demandées par la norme La structure du système documentaire peut être proportionnée selon la taille, les activités, les risques, etc. Vérifiez que le système documentaire intègre bien les spécificités du SM S&ST (système documentaire souvent orienté « qualité »)

Questions possibles Suggestion de pratique ?	Modes de preuve possibles	Posture/Enjeu de l'audit
Voir comment sont gérés les profils/droits d'accès des collaborateurs sur les systèmes d'information	Profil, identification des utilisateurs, etc.	Lien avec le RGPD et notamment les données sensibles (médicales, par exemple)
Les responsabilités de validation, approbation des documents sont-elles définies ?	Fiches de fonction, droits utilisateurs sur la GED, etc.	Voir la cohérence avec les responsabilités en S&ST
Comment sont identifiés les documents externes pertinents ? Comment sont-ils intégrés au système documentaire de l'organisme ?	Liste des documents externes	Voir comment l'organisme identifie la pertinence ou non des informations externes
Comment la préservation d'informations confidentielles est garantie, le respect de la vie privée le cas échéant, etc. ?	Règles spécifiques, droits d'accès, contrôle de l'accès, charte de l'utilisateur, outils de confidentialité, etc.	Lien avec le RGPD et notamment les données sensibles (médicales, par exemple)

◆ Exemples de non-conformités

- La revue (approbation) effectuée avant la mise sur le réseau des informations documentées n'est pas prouvée.
- Lors des évolutions de logiciel de la GED, la lisibilité et l'exploitation des anciens documents/procédures/processus/enregistrements ne sont pas vérifiées.
- La sauvegarde des informations sur le serveur n'est pas garantie dans le temps (*cloud* non maîtrisé).
- Des données personnelles ne sont pas protégées comme elles le devraient et tout un chacun peut y avoir accès (RGPD).

8
Réalisation des activités opérationnelles

8.1 Planification et maîtrise opérationnelles

8.1.1 Généralités

◆ Évolutions et renforcements

- La norme ISO 45001 introduit l'approche processus dans la maîtrise opérationnelle, ainsi, la couverture de la maîtrise opérationnelle s'étend sur un champ plus large.
- La norme ISO 45001 évoque également une coordination avec les parties intéressées pertinentes (exemple : autres employeurs) sur un même lieu et introduit la notion d'adaptation du travail aux travailleurs.

◆ Impacts pour l'organisme

Interprétation de l'approche processus : la modélisation de l'approche processus explicitée au § 4.4 s'applique au § 8. Pour démontrer la pertinence de l'ensemble des dispositifs de maîtrise des processus opérationnels, ils doivent être cohérents avec l'analyse des dangers/risques/opportunités déterminés au § 6 et adaptés à ceux-ci. Les moyens de maîtrise listés dans l'annexe A.8.1.1 sont explicites.

De plus, il est attendu de l'organisme qu'il prenne la responsabilité (*leadership*) de la coordination des différentes parties intéressées qui peuvent avoir un impact sur le SM S&ST.

◆ Impacts sur l'audit

Questions possibles Suggestion de pratique ?	Modes de preuve possibles	Posture/Enjeu de l'audit
Comment avez-vous identifié les processus nécessaires au SM S&ST ? Quels sont-ils ? Quelle description en avez-vous fait ?	Liste des risques/dangers *versus* processus Description des processus, cartographie Liste des procédures et autres consignes de maîtrise opérationnelle Points et plans de contrôle des processus *versus* risques/dangers	Attention, il n'y a pas d'exigences de processus formalisés au sens de l'ISO 9001 donc pas de NC sur ce sujet
Quels critères opérationnels avez-vous définis pour vous permettre de démontrer la satisfaction aux exigences du SM S&ST ?	Liste des critères pour chaque processus	
Quels sont les processus qui font l'objet d'une maîtrise particulière ? Comment les avez-vous identifiés ? Comment les processus sont-ils maîtrisés (compétences spécifiques ; documentation/procédure, etc.) Votre maîtrise opérationnelle est-elle adaptée aux évolutions des processus ? Avez-vous identifié les dangers/risques liés aux modifications prévues : • en marche normale ? • en marche dégradée ? • en marche accidentelle ? • et les conséquences associées ? Comment les avez-vous pris en compte dans la documentation technique disponible ?	Pertinence des réponses et cohérence lors des *interviews* terrain et des constats (visuels et/ou factuels) de la qualité de la maîtrise opérationnelle (propreté, rangement, port des EPI, consignes de sécurité, événements indésirables, accidents survenus, etc.) Analyse des risques réalisée en amont des nouveaux projets, nouvelles lignes de production, nouveaux matériels et consignes spécifiques associées Plan de maintenance, etc.	Audit terrain : les auditeurs doivent s'assurer que les personnes ont la compétence nécessaire et les moyens pour mettre en œuvre une maîtrise opérationnelle cohérente (en lien avec les dangers/risques) et s'il y a nécessité de consignes particulières

Questions possibles Suggestion de pratique ?	Modes de preuve possibles	Posture/Enjeu de l'audit
Pour les processus externalisés : comment l'organisme s'est organisé ? Quels sont les critères de choix des prestataires ? Comment se passe l'évaluation du respect des critères ?	Exigence dans les contrats, plan de prévention, résultats d'audit (réalisés *in situ*, par voie documentaire, etc.) et contrôle interne ; prise en compte des consignes de sécurité du site, processus d'accueil sécurité, etc.	Mêmes enjeux que pour les processus interne à l'organisme
Quelles informations documentées conservez-vous pour démontrer la maîtrise opérationnelle des processus ?	Causeries sécurité, *check-lists* de points de contrôles, visites sécurité comportementales, etc. Programmes préventifs et prédictifs liés à la maintenance, aux inspections, etc. Analyses/tableaux de bord, etc.	
Comment le processus intègre-t-il l'adaptation du travail au travailleur ? Y a-t-il des dispositions particulières prévues pour l'intégration des nouveaux entrants ?	Constat visuel des activités et des pratiques des travailleurs, au quotidien, *interview* des travailleurs, remontée d'information sur les situations dangereuses, événements indésirables, etc.	Vous devez examiner la réalisation des tâches et statuez sur l'adéquation des moyens, de l'ergonomie (notamment lors de la conception de nouveaux locaux), de la pénibilité, des équipements, etc.
Avez-vous identifié les situations de coactivité ? Quelles sont les actions mises en œuvre pour vous coordonner avec les autres activités ? Le plan de prévention est-il rédigé en concertation avec les autres employeurs ? Existe-t-il des instances de coordination des activités ?	Plan de prévention, comptes-rendus de réunion, etc. Comptes-rendus des réunions d'activité, réunion *planning*, etc.	

◆ Exemples de non-conformités

- Des moyens de maîtrise des risques décidés au § 6 ne sont pas portés par les processus opérationnels et/ou métiers et ne sont pas effectifs sur le terrain.
- Des informations documentées consultables n'attestent pas de la mise en œuvre des moyens de maîtrise tels que définis au § 6.
- Des vérifications réglementaires des éléments de sécurité (EPI ou EPC), des installations ou des équipements ne sont pas effectuées, pas à jour ou pas traitées correctement.
- Des personnes en charge des actions de maîtrise des risques n'ont pas les ressources, l'autorité ou les compétences nécessaires pour la réalisation de leur mission.
- Des postes de travail ne sont pas adaptés à l'activité et génèrent des risques supplémentaires pour la S&ST des travailleurs et éventuellement sur la qualité des produits et services, voire l'environnement.
- L'organisme n'a pas mis en place de fonctionnement coordonné *via* une concertation préalable avec les autres organismes alors que leurs activités sont en interactions et que ces interactions génèrent des risques spécifiques.
- L'accueil et l'intégration des nouveaux travailleurs ne permettent pas une bonne prise en compte des risques au poste de travail.

8.1.2 Élimination des dangers et réduction des risques pour la S&ST

◆ Évolutions et renforcements

La norme ISO 45001 reprend la hiérarchie des mesures de prévention (simplifiée par rapport au Code du travail article L4121-2).

◆ Impacts pour l'organisme

Attention, la norme ISO 45001 précise la notion d'EPI « adéquats », ceci implique l'adéquation de l'EPI au risque considéré (par exemple : voir les préconisations des FDS) et à l'environnement de travail.

Le terme « utiliser » est inscrit au d) et au e). L'organisme doit donc s'assurer que les EPI sont utilisés et non pas seulement prescrits.

Concernant les mesures de prévention administratives, la norme ISO 45001 est peu précise : se référer à l'annexe A.8.1.2 pour plus de détails.

NOTE

Concernant la gratuité des EPI pour le salarié, la norme ISO 45001 précise cette disposition dans une note et non au travers d'une exigence. Pour mémoire, la réglementation française en fait une exigence.

◆ Impacts sur l'audit

Questions possibles Suggestion de pratique ?	Modes de preuve possibles	Posture/Enjeu de l'audit
Comment sont hiérarchisées les mesures de prévention ? Qui y participe ? Des réunions de sensibilisation sont-elles organisées ? Une revue des moyens de prévention et de l'utilisation de ceux-ci est-elle réalisée périodiquement ?	Critères de maîtrise des risques dans les cotations des analyses Comptes-rendus de causeries, rapport d'accidents Comptes-rendus de revue, programme de management, visites terrain, audits, etc.	Vérifiez le lien avec l'analyse des risques Il faut réussir à identifier si l'organisme utilise tous types de moyens de maîtrise des risques et ne se « contente » pas des formations ou des EPC/EPI
Quelles sont/ont été les mesures prises pour éliminer/réduire les dangers à la suite de votre analyse des risques ? Y a-t-il eu des formations réalisées ? Lesquelles ? Pour qui ? Y a-t-il des habilitations particulières exigées aux postes ?	Comptes-rendus de revue de processus DUER Analyse des risques et plans d'action associés Procédures et consignes opérationnelles, modes opératoires aux postes, etc. Registre des formations, des habilitations	Vérifiez que des opportunités d'amélioration des postes de travail, de l'ergonomie, des équipements, des matériels ont été identifiées et suivies d'effets à la suite de l'analyse des risques
Quels sont les critères de choix des EPI ? Sont-ils cohérents avec les risques identifiés ? Qui est en charge de la définition des critères ?	DUER, plans de prévention, consignes opérationnelles, CDC d'achats des EPI, etc. Comptes-rendus de réunion de participation avec les travailleurs/représentants des travailleurs (CSE)	Vérifiez bien les registres de maintenance des EPI : croisez avec les FDS, vérifiez les catégories des EPI et les formations associées…

◆ Exemples de non-conformités

→ L'organisme n'utilise pas la hiérarchie des mesures de prévention et ne répond aux risques que par la mise en place d'une sensibilisation des travailleurs et la distribution d'EPI.

- Les intérimaires ne sont pas équipés avec les mêmes EPI que les salariés organiques. Leur protection n'est pas suffisante au regard du risque.
- L'organisme n'a pas étudié les possibilités de remplacer ses procédés dangereux par d'autres procédés connus moins dangereux (utilisation d'échelles au lieu d'échafaudage ou de PIR).
- Autres exemples :
  - équipement (EPC ou EPI) mal ou pas suivi, non-port des EPI/non mise en place des EPC ;
  - autorisation de conduite délivrée sans respect de la réglementation en vigueur (formation, visite médicale, connaissance environnement de travail, etc.) ;
  - absence ou péremption d'habilitations, de permis, d'autorisation, etc.

8.1.3 Pilotage du changement

◆ Évolutions et renforcements

La norme ISO 45001 reprend les codes établis dans les autres normes de système de management et notamment l'exigence d'analyser également les modifications imprévues et d'agir en conséquence.

◆ Impacts pour l'organisme

L'exigence renvoie directement au § 6 et l'analyse des risques et opportunités et invite l'organisme à établir un processus qui pose régulièrement la question des changements survenus et donc des impacts potentiels et réels de ces changements sur les performances en S&ST (veille, évaluation, analyse des risques et opportunités, prise de décision).

Ceci implique de vérifier systématiquement les impacts risques/opportunités lors de toute modification d'organisation du travail (prévue ou imprévue). Cela renvoie à la question : « Qu'est-ce qu'un changement ? », qui peut trouver quelques exemples dans l'annexe A.8.1.3 : « Niveau technologique, des équipements, des installations, des pratiques et procédures de travail, des spécifications de conception, des matières premières, du personnel, des normes ou des règlements. »

En outre, la norme ISO 45001 introduit la notion de « changements temporaires et permanents » qui fait référence à la différence entre le « travail prescrit » et le « travail réel » (qui ne se passe jamais comme on l'avait prévu…). Ces changements peuvent induire des modifications du SM S&ST. De plus, prendre en compte ces différences dans le SM S&ST est une forme de réponse aux inquiétudes des partenaires.

Dans la notion de « pilotage du changement », ne pas oublier la partie « information des travailleurs » impactée par les changements. Cela pourrait par exemple rentrer dans l'utilisation du DUER pour l'indentification des risques et rendre le dispositif dynamique.

◆ Impacts sur l'audit

Questions possibles Suggestion de pratique ?	Modes de preuve possibles	Posture/Enjeu de l'audit
Comment sont intégrées les évolutions opérationnelles dans votre analyse des risques ? Y a-t-il eu des situations imprévues dernièrement ? Comment avez-vous géré cette situation pour en limiter les effets négatifs ? Quel retour d'expérience en avez-vous fait ? Est-ce que l'identification de changements a eu un impact sur l'évaluation des risques et opportunités ?	Fiche du processus « Analyse des risques » Modification du DUER Examen de conception, réunion de lancement de projet, etc. Plan d'action, gestion des dérogations Mise à jour des modes opératoires, processus, procédures, etc. Mise à jour de l'analyse de risques et opportunités Comptes-rendus de revue de direction	Regardez bien la fréquence des analyses de risques et les raisons des déclenchements des mises à jour des analyses
À quelle fréquence est réalisée la veille réglementaire ? Quel est l'impact d'une évolution d'organisation/technologique/d'activité/etc. sur cette veille ?	Outils de veille, suivi des publications sectorielles Informations recueillies auprès d'autres parties intéressées (fournisseurs, clients, médecins du travail, infirmiers, etc.) Comptes-rendus de revue de direction	Utilisation des meilleures techniques disponibles de l'activité Évolution des pratiques en fonction des évolutions réglementaires
De quelle manière les collaborateurs et l'ensemble des parties intéressées impactées par ces changements sont-ils informés ?	DUER, plan de communication, causeries, modification des modes opératoires, etc.	Voir la fréquence de mise à jour des documents et la méthode de diffusion de l'information
Quelle méthodologie est utilisée pour évaluer les risques et opportunités potentiels ou réels d'un changement ? (En lien avec la planification, *voir* § 6.1.1)	Examen de conception Revue de projet	À croiser avec les évolutions du contexte de l'organisme, les changements de contrat, l'évolution des effectifs, etc.

Exemples de non-conformités

- Pas de disposition prévue pour le pilotage du changement.
- Les dispositions prévues ne sont pas mises en œuvre lors des évolutions réglementaires ou lors des changements dans l'organisation du travail.
- Les changements ne sont pas planifiés alors qu'ils sont connus en amont.
- L'organisme ne dispose pas des informations à jour sur les nouveaux matériaux et produits (fiches techniques, FDS, etc.) qu'il utilise.
- Le document unique et l'analyse de risques et opportunités ne sont pas à jour des changements effectués dans l'organisme.
- Les changements prévus n'ont pas été communiqués en temps utile aux personnes concernées.

8.1.4 Acquisition de biens et services

Pour ce paragraphe : des exigences générales et deux cas particuliers abordés dans la norme ISO 45001.

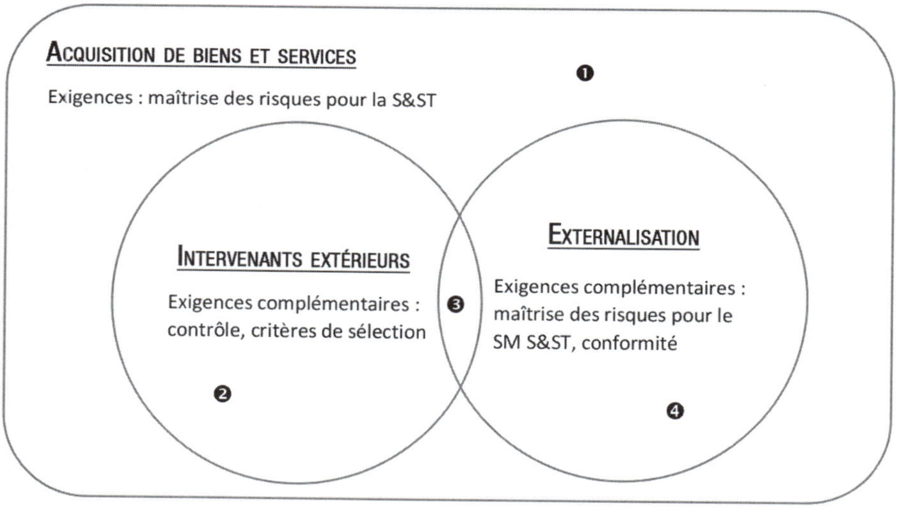

Figure 8.1 Schéma d'imbrication des exigences

Exemples :

1. Activités d'acquisition de biens et services sans intervenant extérieur et sans externalisation. Par exemple : achat d'un produit chimique dangereux à un fournisseur, livraison sans accès sur site, etc.

2. Activités d'acquisition de biens et services avec intervenants extérieurs et sans externalisation. Par exemple : nettoyage des locaux par une entreprise extérieure, standardiste dans les locaux de l'organisme, etc.
3. Activités d'acquisition de biens et services avec intervenants extérieurs et avec externalisation. Par exemple : organisme de contrôle venant sur site pour réaliser les vérifications générales périodiques des équipements de levage, des extincteurs, des EPI, entreprise réalisant la maintenance des machines, etc.
4. Activités d'acquisition de biens et services sans intervenant extérieur (donc réalisées hors des murs de l'organisme) et avec externalisation. Par exemple : visites médicales, formations de sauveteur secouriste au travail dispensées chez l'organisme de formation, veilles réglementaires et technologiques, service achat géré par le siège, etc.

Attention

La classification de ces exemples est à évaluer au regard du contexte et de l'activité de l'organisme (exemple : un service de nettoyage peut être à considérer comme une externalisation si l'entreprise travaille en salle blanche).

8.1.5 Généralités

◆ Évolutions et renforcements

La norme ISO 45001 est générique sur l'acquisition de biens et services : l'organisme doit faire ce qu'il faut pour : « Maîtriser l'acquisition de biens et de services afin de garantir leur conformité au SM S&ST », donc la conformité aux exigences légales et autres exigences et en lien avec les résultats attendus du SM S&ST.

◆ Impacts pour l'organisme

L'organisme doit définir sa méthodologie et les moyens dont elle a besoin pour maîtriser son activité d'acquisition de biens et services et ce, quels que soient les processus, activités, biens ou services sous-traités, achetés ou loués, etc.

Son processus d'acquisition devant aussi être en lien direct avec les exigences de consultation, de communication et, pourquoi pas, de maîtrise du changement.

Dans « maîtrise », on s'attend donc à ce que l'organisme définisse les critères de sélection, son cahier des charges et qu'elle vérifie que ces éléments sont effectivement bien respectés : audit, réception, contrôle, mesures de protection, mise à disposition au bon moment au bon endroit, mesures compensatoires, etc.

À noter que, pour les grands groupes, la loi sur le devoir de vigilance de 2017[4] s'applique, y compris pour les aspects S&ST.

◆ Impacts sur l'audit

Questions possibles Suggestion de pratique ?	Modes de preuve possibles	Posture/Enjeu de l'audit
Quels sont les segments d'achats qui présentent des risques S&ST ? Quelle est la nature du risque ?	Liste des fournisseurs Analyse des risques fournisseurs	
Comment intégrez-vous les exigences S&ST dans vos consultations achat ? Comment vérifiez-vous que les exigences d'achat sont respectées ?	Procédures achats Dossier de consultation PV de contrôle réception	Analysez la manière dont les mesures de prévention prévues sont adaptées aux risques selon la hiérarchie habituelle
Quels critères d'évaluation avez-vous mis en place pour sélectionner vos sous-traitants ? Comment évaluez-vous vos sous-traitants pendant et après leurs prestations ? Quelles exploitations en faites-vous ?	Procédures achats, critères de sélection, comptes-rendus de réunions, évaluation des sous-traitants, audits, visites terrain, etc. Revue de processus « Achat »	

◆ Exemples de non-conformités

- Les contrats de sous-traitance n'incluent aucune exigence concernant la S&ST, alors que l'activité présente des risques significatifs.
- Aucune surveillance de la bonne mise en œuvre des exigences en termes de S&ST n'est effectuée sur les sous-traitants.
- La maîtrise et la surveillance des performances des prestataires ou des processus externalisés ne sont pas démontrées.
- L'organisme n'a défini aucun critère de choix/sélection en S&ST concernant l'achat de ses matériaux/équipements/produits.
- Le service « Maintenance » de l'organisme peut effectuer des commandes par lui-même sans respecter les critères établis par le service « Achat ».

4 https://www.legifrance.gouv.fr/affichTexte.do?cidTexte=JORFTEXT000034290626&categorieLien=id

8.1.6 Intervenants extérieurs

◆ Évolutions et renforcements

La norme ISO 45001 est très précise sur les attendus et les parties intéressées à prendre en compte. Elle introduit clairement la notion de contrôle des exigences S&ST remplies par les intervenants extérieurs et leurs travailleurs, ainsi que la notion de critère de sélection, ce qui renvoie une nouvelle fois aux processus et procédures « Achats ».

◆ Impacts pour l'organisme

Attention, le terme « intervenants extérieurs » n'inclut pas les parties intéressées de type « visiteurs » ou « commerciaux » (mais prend en compte les consultants ou les contrôleurs), qui rentrent sur le site de l'organisme, car il doit y avoir une relation contractuelle entre les parties. Les visiteurs ou commerciaux sont donc plutôt visés par les articles sur la communication externe.

Sous le vocable de coordination, l'exigence de ce paragraphe implique une obligation d'analyse des risques mutuels lorsqu'un sous-traitant/prestataire réalise une activité sur le site de l'organisme. La description des attendus démontre bien que toutes les interactions et les impacts mutuels des activités des sous-traitants et de l'organisme doivent être bien appréhendés. Ce paragraphe renvoie également au processus « Achat » en exigeant que des critères liés à la S&ST soient appliqués lors de la sélection des intervenants extérieurs.

L'annexe A.8.1.4.2 oriente bien la manière d'interpréter l'exigence du § 8.1.4.2, notamment sur la nécessité de contrôler et de cadrer les opérations de sous-traitance.

◆ Impacts sur l'audit

Questions possibles Suggestion de pratique ?	Modes de preuve possibles	Posture/Enjeu de l'audit
Quelles sont les activités / les processus sur lesquels interviennent des sous-traitants ? Quels impacts/risques sont générés mutuellement par les sous-traitants et les collaborateurs internes ? Comment la « coactivité » est-elle coordonnée ?	Plan de prévention, audit fournisseurs, procédures opérationnelles des collaborateurs et celles des sous-traitants, protocole de sécurité, permis de travail, surveillance/accompagnement, etc.	Interviewez directement les intervenants des deux côtés

Questions possibles Suggestion de pratique ?	Modes de preuve possibles	Posture/Enjeu de l'audit
Comment contrôlez-vous la bonne application par vos sous-traitants des exigences en matière de S&ST ?	Rapport d'audit sous-traitant Plan de prévention Comptes-rendus de réunion de coordination chantier Visite chantier	Creusez les cas d'interventions ponctuelles, intervenants intérimaires chez les sous-traitants, périodes estivales, imprévus, activités spécifiques hors métier, etc.
Quels sont les critères de sélection des sous-traitants sur les enjeux liés à la S&ST ? Comment sont-ils évalués ?	Procédure « Achats » Dossiers de consultation achat, (exemple : nettoyage) Tableau de bord d'évaluations des fournisseurs Comptes-rendus de réunion de chantier et/ou de réunion sous-traitant	Regardez les critères et les exigences exprimés dans les cahiers des charges « Achats »

◆ Exemples de non-conformités

- Des exigences S&ST de l'organisme n'ont pas été coordonnées avec des intervenants extérieurs.
- La gestion du risque lié à des interventions extérieures n'est pas réalisée de manière formelle pour certaines prestations.
- Une absence de plan de prévention ou de protocole de sécurité ou d'évaluation des risques pour les activités des intervenants extérieurs.
- Une absence de contrôle de la bonne mise en œuvre des moyens de maîtrise des risques de la part des intervenants extérieurs.
- Pas de critère S&ST défini pour sélectionner les intervenants extérieurs.
- L'analyse des risques de l'activité sous-traitée ne prend pas en compte le risque de coactivité avec les salariés de l'organisme.
- Les intervenants extérieurs ne connaissent pas les procédures d'urgence (incendie, évacuation, alarmes, etc.).

8.1.7 Externalisation

◆ Évolutions et renforcements

L'exigence introduit la notion de maîtrise des processus externalisés et ne fait pas de distinction entre processus externalisé et sous-traitance.

◆ Impacts pour l'organisme

Attention à la compréhension de cette exigence.

Une activité sous-traitée peut relever de l'externalisation ou non selon son impact sur le SM S&ST et/ou les exigences légales et autres exigences. De plus, une activité externalisée peut être réalisée sur site (*voir* paragraphe sur les intervenants extérieurs) ou non (*voir* Figure 8.1).

L'organisme doit identifier l'ensemble de ses activités externalisées (fonctions et processus), évaluer leur lien possible avec la réglementation et les autres exigences (client notamment) et leur impact sur le SM S&ST de l'organisme. Enfin, elle doit définir une organisation visant à maîtriser ces externalisations afin notamment qu'elles respectent les exigences de la norme et qu'elles n'impactent pas négativement la performance du SM S&ST.

Note

Certains processus/fonctions externalisés pour le SM S&ST ne le sont pas pour un SMQ (ISO 9001) ou un SME (ISO 14001) et inversement. L'externalisation dépend de l'impact sur les objectifs du SM et est donc différente d'une thématique à une autre.

◆ Impacts sur l'audit

Questions possibles Suggestion de pratique ?	Modes de preuve possibles	Posture/Enjeu de l'audit
Quels sont les processus externalisés ? Comment sont-ils maîtrisés ? Comment les risques/opportunités, exigences réglementaires, consignes sont-ils déterminés ? Transmis aux intéressés ? Contrôlés ?	Cartographie/fiches processus Comptes-rendus de revue des processus Cahier des charges d'achat de prestations externalisées/contrats/engagements écrits Plan de surveillance de l'activité	Pour les organismes soumis à la loi sur le devoir de vigilance, il convient de bien regarder la cartographie des risques RSE qui a été élaborée dans ce cadre Voir la teneur des contrats et/ou les engagements écrits entre la partie intéressée externalisée et l'entreprise

Questions possibles Suggestion de pratique ?	Modes de preuve possibles	Posture/Enjeu de l'audit
Quels sont les processus sous-traités qui ne rentrent pas dans la liste des processus dits « externalisés » ? Quels critères sont utilisés pour adapter les actions de surveillance, les mesures compensatoires, les exigences requises ? Quelle différence de traitement (de maîtrise) appliquez-vous à ces processus ?	Contrats, fiches ou dispositifs d'évaluation de ces fournisseurs Processus « Achats »	Croisez les remontées de situation dangereuses, les fiches d'écart (le REX) et le type et le degré de maîtrise choisi par externalisation

◆ Exemples de non-conformités

- Le SM S&ST ne définit pas les moyens de maîtrise à mettre en œuvre pour encadrer les processus externalisés.
- Les moyens de maîtrise définis pour les processus externalisés ne sont pas mis en œuvre pour toutes les externalisations ayant un impact potentiel sur la performance du SM S&ST.
- Certaines activités externalisées ne sont pas suffisamment maîtrisées au regard des exigences réglementaires (contrôle des appareils de levage réalisés sans charge, vérification non exhaustive des extincteurs, conducteurs de chariot sans autorisation de conduite, etc.).

8.2 Préparation et réponse aux situations d'urgence

◆ Évolutions et renforcements

La norme ISO 45001 appuie sur le volet formation et détaille notamment dans les éléments de réponse la nécessité d'y inclure les premiers secours. Elle ajoute une traçabilité exigée *via* un processus et des informations documentées sur les « plans de réponse ».

Là où l'OHSAS évoque comme « parties intéressées » les services d'urgence et les voisins, la norme ISO 45001 associe également les autorités publiques et les communautés locales. Elle appuie également sur la nécessaire implication de ces parties intéressées (plus prononcé que dans l'OHSAS). À noter que cette exigence existe aussi dans l'ILO OSH.

◆ Impacts pour l'organisme

L'exigence du § 8.2 fait clairement référence à l'évaluation des risques professionnels associés aux situations d'urgence et renvoie au § 6.1.2.1, notamment lorsque celui-ci fait référence aux « situations d'urgence potentielles », mais aussi aux « activités et situations habituelles et inhabituelles ». L'annexe A.8.2 insiste sur le champ et l'étendue (horaire) des situations à prendre en compte.

Les situations d'urgence doivent être évaluées au regard des risques associés (hiérarchisation). Des mesures de prévention proactive et pas uniquement réactives doivent être mises en œuvre.

À noter que le point b) implique une formation aux procédures de traitement des situations d'urgence (toutes !) et non plus seulement à la prévention générale. La formation doit donc être en adéquation face aux situations d'urgence.

◆ Impacts sur l'audit

Questions possibles Suggestion de pratique ?	Modes de preuve possibles	Posture/Enjeu de l'audit
Comment avez-vous identifié les situations d'urgences ? Quel est votre processus ? (Méthodologie ?) Est-elle en lien avec l'évaluation des risques ? Quelles sont les situations accidentelles ? Les situations d'urgences ? Quels sont les risques associés ?	Procédure d'identification des situations accidentelles et des situations d'urgences Liste des situations accidentelles et des situations d'urgences DUER, cahier d'infirmerie, registres de soins, etc. Discussion/échanges avec les secouristes sur place, infirmières, IRP, etc.	Voir s'il y a des REX sur la survenue de ce type d'événement Voir si tous les types d'origine ont été balayés : naturelle, technique, humaine
Avez-vous planifié les tests des situations d'urgences ? Comment élaborez-vous cette planification ? Risques ? Niveaux de maîtrise ? Historique ? Avez-vous réalisé les tests comme planifiés ? Comment ? Quelles parties intéressées y sont associées ? Pouvez-vous nous expliquer les résultats de ces tests, le REX ? Quelles sont les améliorations mises en œuvre ?	Programme des tests Comptes-rendus des tests	Voir si le DUER est mis naturellement en avant et constitue un outil dynamique d'évaluation des risques, outil évolutif et intégrant les risques liés aux situations d'urgence

Questions possibles Suggestion de pratique ?	Modes de preuve possibles	Posture/Enjeu de l'audit
Comment les collaborateurs et les parties intéressées sont-ils informés ? Formés ? Entraînés ?	Plan de formation Tests et analyse Toutes les preuves des formations aux procédures de réponse aux situations d'urgence Comptes-rendus de réunions avec les parties intéressées externes Outils de communication	Faites le lien avec les obligations réglementaires (incendie, PUI, PPRT, etc.)
Quelles sont les parties intéressées associées : à l'identification des situations d'urgence ? À la détermination des réponses ? Aux tests ?	Comptes-rendus de réunions avec les parties intéressées externes	Identifiez bien la nature des parties intéressées à associer aux exercices. Sont-elles clairement mentionnées dans les procédures/protocoles de test ?

◆ Exemples de non-conformités

- La programmation d'exercices de situation d'urgence n'a pas été réalisée. Les exercices et la formation incendie ne respectent pas les périodicités requises par la réglementation.
- Les exercices de situation d'urgence ne couvrent pas l'ensemble des situations à risque identifiées (exemple : capacité à intervenir pour délivrer les premiers secours).
- Les parties intéressées hors travailleurs ne sont pas prises en compte dans les plans d'urgence.
- Les exercices de situation d'urgence ne donnent lieu à aucun compte-rendu et à aucun retour d'expérience (positif ou négatif), quant à la mise en œuvre du plan d'urgence défini, ni à son efficacité par rapport à la situation d'urgence testée.

9
Évaluation des performances

9.1 Surveillance, mesure, analyse et évaluation de la performance

9.1.1 Généralités
9.1.2 Évaluation de la conformité

◆ Évolutions et renforcements

Le niveau d'exigence concernant les éléments de surveillance est renforcé, notamment par la notion de progrès concernant l'atteinte des objectifs de S&ST et par l'ajout de la notion d'effectivité à celle d'efficacité, quant aux mesures de prévention et de performance.

La norme ISO 45001 insiste sur le fait que les résultats de la surveillance et de la mesure doivent être analysés, évalués, communiqués et documentés. Sur le point communication, cela revient à communiquer (soit directement, soit au travers de la revue de direction) les résultats de ces dispositifs de mesures et de surveillance, au minimum aux instances représentatives et, sur le plan opérationnel, aux salariés/travailleurs concernés par ces mesures.

D'autre part, la norme ISO 45001 confirme les exigences connues concernant l'étalonnage, la vérification des équipements de mesure et surveillance et de leur entretien.

Enfin, la norme ISO 45001 propose un paragraphe spécifique (§ 9.1.2) relatif à l'évaluation de la conformité. Ainsi, elle demande notamment que l'organisme détermine son degré de conformité aux exigences légales et autres exigences, dans la lignée du § 6.1.3.

◆ Impacts pour l'organisme

La démarche de surveillance doit être plus structurée de par l'exigence de processus et la progression dans la performance doit être démontrée (exemple : niveau de réalisation des actions qui répondent aux risques et opportunités identifiés et de leur efficacité, amélioration de la situation de conformité aux textes réglementaires et autres, etc.).

L'organisme a tout intérêt à construire son programme et ses actions de surveillance, mesure, analyse et évaluation au fur et à mesure de la mise en place de son SM S&ST et des différents éléments : définition d'objectifs, plan d'action, analyse des risques et opportunités et notamment choix des mesures de prévention, etc.

◆ Impacts sur l'audit

Questions possibles Suggestion de pratique ?	Modes de preuve possibles	Posture/Enjeu de l'audit
Quels éléments du SM S&ST et de sa performance surveillez-vous ? Y a-t-il des indicateurs associés ?	Plan de surveillance des indicateurs systèmes et de performance SM S&ST, tableaux de bord, tableau de suivi des contrôles des dispositions opérationnelles et systémiques, etc.	Examinez bien la pertinence des dispositions de surveillance, d'une part, et la cohérence des critères d'évaluation de la performance (chiffrés), d'autre part, en relation avec les actions menées (notion d'effectivité) en santé et sécurité et de l'efficacité du SM S&ST Distinguez les indicateurs de pilotage et de performance Pilotage : surveillance des actions (exemples : visites sécurité, causeries, situations dangereuses, etc.) Performance : résultat (exemples : Tf, Tg, absentéisme et son analyse, taux de conformité réglementaire, taux de réalisation des actions du document unique, etc.)

Questions possibles Suggestion de pratique ?	Modes de preuve possibles	Posture/Enjeu de l'audit
Quels sont les dangers (santé et sécurité) les plus significatifs et quelles en sont les modalités de surveillances ?	Révision régulière de l'évaluation des risques (exemple : document unique), des plans de prévention, des risques, des protocoles de sécurité et des actions associées, des comptes-rendus d'événements indésirables, etc.	Attention, l'apparition d'un événement indésirable doit être suivie d'une révision de l'évaluation des risques
Quels sont les exigences réglementaires ou autres, les plus significatives et quelles en sont les modalités de surveillance ? Comment maintenez-vous la connaissance et la compréhension de l'état de conformité ?	Tableau de suivi des exigences réglementaires, normatives et autres (ex : recommandation des assurances, recommandations de la médecine du travail, bonnes pratiques INRS…), et de leurs prises en compte… Analyses de conformité, date de mise à jour et plans d'action	Ne pas oublier l'évaluation de la conformité par rapport aux exigences pertinentes applicables des parties intéressées Faire le lien entre les différents constats de conformité/non-conformité et les programmes d'actions
Quels équipements et/ou dispositions de surveillance et de mesure utilisez-vous ? Comment les suivez-vous ?	Tableau de suivi, contrôles/vérifications périodiques…	Vérifier que ces dispositions sont en accord avec la réglementation ou les recommandations et qu'elles sont effectuées par du personnel compétent/qualifié
Comment évaluez-vous votre performance en santé et sécurité au travail ?	Tableau de bord, revue de direction, comptes-rendus de Copil, bilans, etc.	Point de vigilance : évaluer la performance ainsi que l'effectivité/efficacité du système S'assurer qu'il y a une amélioration de la performance au fil du temps (*voir* § 9.2)

◆ Exemples de non-conformités

- L'organisme n'a pas défini quand analyser et évaluer les résultats de la surveillance et de la mesure alors que des risques périodiques de dérive ont été identifiés avec des impacts sur la S&ST.
- Les équipements de surveillance et de mesure ne sont pas étalonnés ou vérifiés.

- Les dispositions d'évaluation de la conformité aux obligations de conformité émanant des attentes pertinentes des parties intéressées ne sont ni définies, ni mises en œuvre.
- La société n'a pas établi ni mis en œuvre l'évaluation de la conformité réglementaire et autres exigences, et n'a pas agi si nécessaire, et elle n'entretient pas la connaissance et la compréhension de sa conformité aux exigences légales et autres exigences.

9.2 Audit interne

9.2.1 Généralités

9.2.2 Programme d'audit interne

◆ Évolutions et renforcements

- Globalement, les exigences concernant l'audit interne sont dans la continuité des normes ISO 9001 et ISO 14001:2015, on y retrouve les mêmes éléments. Sans qu'il n'y ait de procédure d'audit interne exigée, le programme et les résultats d'audit sont des informations documentées à conserver comme des éléments de preuve des dispositions définies et déployées.
- Le terme « consultation » renvoie à la nécessité de définir qui est consulté pour établir le programme d'audit (planification, établissement, mise en œuvre, révision ; *voir* § 5.4.d, point 8).

  Elle rend l'exigence plus importante car il faut maintenant communiquer les résultats des audits, au minimum aux salariés audités concernés, voire aux autres travailleurs (par exemple, les sous-traitants), quand ils sont dans le champ de l'audit, voire à d'autres parties intéressées (IRP, médecin du travail, etc.).
- La notion d'impartialité induit un point de vigilance relatif à la position hiérarchique entre auditeur et audités qui ne doit pas interférer.
- La notion de compétence des auditeurs est aussi un point de vigilance, en ce qui concerne leur appréciation des circonstances opérationnelles et des exigences du système.
- Le renvoi à la norme ISO 19011 donne l'opportunité de se référer à la dernière version de juillet 2018 (dont son orientation « risques et opportunités »).

◆ Impacts pour l'organisme

- Les visites sécurité des locaux et des unités de travail relèvent davantage de la surveillance opérationnelle, alors que les audits du SM S&ST couvrent à la fois l'examen des dispositions opérationnelles et systémiques.
- Il convient de donner une lisibilité des consultations aux différentes étapes des activités d'audit (exemples : en réunion IRP, CSE, etc.).
- Dans le cas d'un système de management intégré, il convient de bien couvrir les exigences des différentes normes pour l'ensemble des processus de l'organisme.

◆ Impacts sur l'audit

Questions possibles Suggestion de pratique ?	Modes de preuve possibles	Posture/Enjeu de l'audit
Comment planifiez-vous vos audits internes ? Sur quels critères ? À quelle fréquence ? Comment vous assurerez-vous de leur juste représentativité (selon activités dont les chantiers, etc.) ?	*Planning*, rapports d'audits, suivis, etc.	Vérifiez que le programme d'audit couvre bien toutes les exigences de la norme (exemple : pilotage du changement, coactivité, situations d'urgence, acquisition de biens et services, etc.) et tout le périmètre du SM S&ST
Comment sont organisés vos audits ?	Programme d'audits, planification, invitation des audités, choix des auditeurs, choix des critères et périmètres d'audit, structuration d'un audit (réunion d'ouverture, *interview*, grille d'audit, réunion de clôture, etc.), méthode, etc.	Assurez-vous que les audits s'assurent de la conformité au SM S&ST et à la norme ISO 45001, et de la tenue à jour du SM S&ST
Comment vous assurez-vous de la compétence et de l'impartialité de vos auditeurs ?	Grille de compétence, suivi des formations, critères de qualification, liste d'auditeurs, etc.	Assurez-vous de la compétence des auditeurs en lien avec les audits réalisés ou planifiés
Comment vous assurez-vous des dispositions de consultations et diffusions prévues ?	Informations documentées ou recueillies concernant les consultations et modes de diffusion	Assurez-vous auprès des travailleurs de l'effectivité des dispositions de consultation et de diffusion des résultats d'audits

◆ Exemples de non-conformités

- L'impact sur les risques et opportunités en S&ST des processus n'est pas prise en compte dans l'élaboration des programmes d'audit (exemple : les processus à risque sécurité les plus importants ne sont pas plus examinés que les autres).
- Des résultats d'audits internes ne sont pas communiqués aux directions ni aux travailleurs concernés.
- Des changements ayant une incidence sur l'organisme n'ont pas conduit à une modification du programme d'audit interne.
- Des salariés et/ou leurs représentants n'ont pas été consultés lors de la phase de planification des audits.
- Le programme d'audit ne couvre pas l'ensemble des activités ayant un impact sur le SM S&ST.

9.3 Revue de direction

◆ Évolutions et renforcements

La norme ISO 45001 renforce la nécessité de bien articuler l'instance de revue de direction avec les autres instances de direction. D'autre part, une cohérence entre les décisions et actions prises en revue de direction et la stratégie globale de l'organisme doit être assurée.

Par ailleurs, le point concernant les informations sur la performance en S&ST en lien avec la consultation et la participation des travailleurs renvoie à l'obligation d'examiner en données d'entrée, par exemple, les avis, procès-verbaux et comptes-rendus du CSE, ou autres instances (exemples : médecine du travail, CARSAT, etc.) et peut amener aussi à statuer en données de sortie de revue de direction sur l'efficacité du processus de consultation et/ou d'échanges avec les parties intéressées (entre autres).

En données de sortie, la norme demande notamment de réfléchir aux opportunités d'intégration du SM S&ST aux autres processus métiers (bouclage de l'approche processus).

◆ Impacts pour l'organisme

- Renforcer la partie analyse des évolutions du contexte lors de la préparation de la revue de direction.
- Renforcer les interactions entre la revue de direction et la gouvernance générale de l'organisme, notamment par la prise en compte des modifications

des enjeux internes et externes et par l'amélioration de l'intégration du SM S&ST et l'impact éventuel sur l'orientation stratégique. Cette exigence nécessite certainement plus de préparation de la part de l'organisme (et notamment par la direction) et de concertation avec les travailleurs.

- L'organisme doit intégrer en donnée d'entrée, la revue de ses risques et opportunités en regard des évolutions des enjeux du SM S&ST, y compris les situations d'urgence (dont le retour d'expérience des exercices ou événements).
- Prévoir au minimum une diffusion adaptée des informations pertinentes issues de la revue de direction aux différents travailleurs.

◆ Impacts sur l'audit

Questions possibles Suggestion de pratique ?	Modes de preuve possibles	Posture/Enjeu de l'audit
Comment la direction revoit-elle le SM S&ST (mise en œuvre et effectivité/efficacité) ? À quels intervalles ? Quels sont les éléments considérés lors de cette revue ? Quels sont les éléments de sortie de la revue de direction ?	Compte-rendu de revue de direction Planification Ordres du jour de la revue de direction Relevés de décisions, plan d'action	Pour les besoins en ressources, rebouclez avec la planification car on constate encore des décisions prises sans attribuer les ressources nécessaires Questionnez la direction sur les éléments d'entrée et de sortie demandés dans cette revue de direction. C'est à ce moment que l'on peut vérifier l'appropriation et l'utilisation du SM S&ST par la direction
Quelles informations documentées conservez-vous de la tenue de vos revues de direction ? Comment est organisée la communication autour de la revue de direction ?	Compte-rendu de revue de direction Plan d'action Revue d'opportunités Revue des risques Tableaux de performances Planification des actions prises Liste des ressources attribuées pour ces actions Ordres du jour de la revue de direction, relevés de décisions, réponses aux parties intéressées dont les travailleurs, etc.	En lien avec la maîtrise des informations documentées et la communication

Questions possibles Suggestion de pratique ?	Modes de preuve possibles	Posture/Enjeu de l'audit
Quelles dispositions de consultation et de participation des travailleurs sont examinées en revue de direction ?	Selon l'organisation mise en place dans l'organisme Comptes-rendus de CSE	Croisez les informations avec les représentants des travailleurs
Quelles dispositions sont prises au regard de l'intégration de la S&ST aux processus métiers ?	Compte-rendu de revue de direction Plan d'action Revue d'opportunités	Appuyez-vous sur le retour d'expérience de l'organisme et les bonnes pratiques métier

◆ Exemples de non-conformités

- Des modifications d'enjeux internes et externes, des besoins et attentes de parties intéressées, des risques et opportunités ne sont pas pris en compte dans la revue de direction.
- Des données relatives à l'orientation de la stratégie de l'entreprise (exemples : changement de processus de production, activité supplémentaire, externalisation d'une partie du processus, etc.) ne sont pas prises en compte dans les données de sortie de la revue de direction.
- Les éléments de sortie de la revue de direction ne sont pas communiqués aux travailleurs et/ou à leurs représentants alors qu'ils comprennent des modifications liées aux risques et opportunités auxquels sont soumis des travailleurs.

10 Amélioration

10.1 Généralités

◆ Évolutions et renforcements

Le chapitre met en évidence l'exploitation des opportunités d'amélioration et de diminution des risques issues notamment de la surveillance, des audits internes et de la revue de direction pour atteindre les résultats escomptés. À rapprocher du § 6.1.

Au-delà des incidents, des accidents et des pathologies, la norme ISO 45001 invite, dans le cadre des opportunités d'amélioration, à s'ouvrir par exemple à des sujets comme la qualité de vie au travail, la santé des travailleurs, l'hygiène, etc.

◆ Impacts pour l'organisme

Les organismes, qui ne l'ont pas déjà fait, peuvent intégrer ces opportunités d'amélioration dans le cadre plus général de leur démarche risques et prise en compte des opportunités.

Il est intéressant d'identifier les canaux d'identification des opportunités d'amélioration afin de les optimiser.

◆ Impacts sur l'audit

Questions possibles Suggestion de pratique ?	Modes de preuve possibles	Posture/Enjeu de l'audit
Comment déterminez-vous les opportunités d'amélioration à la suite de l'évaluation réalisée des performances ? Comment définissez-vous les actions à mener ? Comment les mettez-vous en œuvre ?	Ensemble des éléments de sorties des § 9.1, 9.2 et 9.3 : tableaux de bord, indicateurs Rapports d'audits Compte-rendu de revue de direction Revue d'opportunité État de conformité (issue de l'évaluation de la conformité) Ordres du jour, relevés de décisions Plan d'action Planification des actions prises Liste des ressources attribuées pour ces actions … et l'exploitation qui est faite de tout ceci	Ne vous contentez pas des risques et opportunités vus au § 6.1, mais aussi des données de sortie de l'évaluation des performances L'organisme a toute liberté pour piloter ses actions d'amélioration Elle peut utiliser des fiches spécifiques de NC/AC, utiliser des tableaux de suivi des actions (type PME, programme de mise en conformité, autres, etc.) Le point important c'est de vous assurer que les actions d'amélioration engagées donnent des résultats et permettent l'amélioration du système et des performances en S&ST Note : pour les besoins en ressources, rebouclez avec la planification car on constate encore des décisions prises sans attribuer les ressources nécessaires

◆ Exemples de non-conformités

- Des pistes de progrès issues des audits (internes, externes, tierce partie) impactant l'atteinte des objectifs ne sont pas prises en compte pour l'amélioration.
- Des retards importants sont constatés dans la mise en œuvre des actions d'amélioration.
- Les travailleurs ne sont pas associés au processus d'amélioration continue qui les concerne.
- Des actions d'amélioration sont identifiées, mais les ressources nécessaires ne sont ni allouées ni identifiées.

10.2 Événement indésirable, non-conformité et actions correctives

◆ Évolutions et renforcements

- La norme ISO 45001 apporte des précisions quant aux actions à mener et à la méthode employée. Elle intègre clairement une logique d'amélioration continue dans le traitement des événements indésirables.
- Elle intègre le caractère participatif des travailleurs (ou autres parties intéressées) dans la détection, l'analyse et la détermination des actions.
- Elle renforce la nécessité de définir et planifier des actions en tenant compte de la « hiérarchie des mesures de prévention ».
- La norme ISO 45001 insiste aussi sur l'évaluation des dangers nouveaux ou modifiés.
- Concernant les actions menées, il convient d'évaluer à la fois l'efficacité et l'effectivité (*voir* § 9).
- L'organisme doit aussi prendre en compte les non-conformités matérielles (défectuosité, etc.) ou immatérielles (non-respect de procédure, absence d'enregistrements, etc.), qui peuvent avoir un impact sur la performance en S&ST.

◆ Impacts pour l'organisme

- La notion d'événements indésirables implique de savoir détecter et analyser les situations dangereuses, les presqu'accidents, les risques pour la santé physique et mentale, etc., et d'en faire une analyse avec une approche méthodologique adaptée (exemples : arbre des causes, 5M, etc.).
- L'organisme doit définir les modalités concernant la participation des travailleurs (*voir* § 5.4).

Attention à ne pas tomber dans le formalisme du traitement à chaque NC. Si une action curative est suffisante et permet de traiter le dysfonctionnement, il n'est pas forcément nécessaire de créer des actions correctives avec analyse des causes, etc.

◆ Impacts sur l'audit

Questions possibles Suggestion de pratique ?	Modes de preuve possibles	Posture/Enjeu de l'audit
Quels sont les événements indésirables et les NC identifiées (tant matérielles qu'immatérielles) ?	Examen du traitement des événements indésirables, des non-conformités, etc. Informations documentées concernant les non-conformités et événements indésirables, y compris le suivi des résultats obtenus (efficacité et effectivité)	Assurez-vous que les événements sont bien tracés dans le système en questionnant les travailleurs
Quels sont vos dispositifs d'identification et de traitement des événements indésirables et des NC ? Comment sont-ils gérés pour assurer une détection et une prise en compte adaptées en délai et en nature ? Par qui ?	Remontées de situations dangereuses, fiches de NC, réunions, compte-rendu de CSE, audits, visites terrain, etc. Comité S&ST	Voir comment le traitement des EI/NC/AC reboucle avec le processus d'analyse des risques et opportunités
Avez-vous une méthode (ou plusieurs) pour l'analyse des causes ? Comment suivez-vous l'efficacité et l'effectivité des actions correctives ?	Procédure de gestion des NC, des accidents, des situations dangereuses, etc.	Appréciez le caractère dynamique et participatif des actions Vérifiez l'efficacité des actions menées Vérifiez comment les EI et NC sont versés au processus d'analyse des risques (rebouclage) Vérifiez également la hiérarchie des mesures de prévention associée au traitement des EI/NC/AC Rebouclez avec l'aspect consultation/participation des travailleurs dans le cadre de l'identification et l'analyse des EI/NC

◆ Exemples de non-conformités

- Les conséquences des dangers sur les risques et opportunités ne sont pas prises en compte lors de la détermination et la mise en œuvre des actions correctives.
- L'organisme n'a pas recherché les causes de plusieurs NC et donc entrepris des actions pour les éliminer.
- La recherche de non-conformité similaire ou susceptible de se produire n'est pas assurée dans le traitement de plusieurs non-conformités.
- Les travailleurs ne sont pas systématiquement associés à l'analyse des événements indésirables/non-conformités.
- L'organisme ne communique pas sur ses événements indésirables/non-conformités, ni sur les résultats des actions entreprises auprès des parties intéressées concernées.

10.3 Amélioration continue

◆ Évolutions et renforcements

L'exigence rappelle qu'il faut améliorer le SM S&ST pour améliorer la performance en S&ST.

Elle crée un lien de causalité entre la pertinence, l'adéquation et l'efficacité du SM S&ST avec la performance en S&ST.

De plus, elle demande la promotion d'une culture favorable à la S&ST et encourage la participation des travailleurs (forces de propositions et contribution aux actions de progrès). Enfin, les travailleurs doivent être informés des améliorations apportées (plan d'amélioration).

◆ Impacts pour l'organisme

Cette exigence est la synthèse de toutes les améliorations réalisées par l'organisme, issues de la planification, de la maîtrise opérationnelle, des revues de direction, des actions correctives, etc. Reste à l'organisme à savoir instaurer une culture S&ST et à favoriser la contribution volontaire des travailleurs à cet égard.

◆ Impacts sur l'audit

Cette exigence est à auditer au fil de l'examen de toutes les familles d'améliorations pratiquées.

L'auditeur pratique ensuite une synthèse de ses observations. Une NC sur cette exigence pourrait provenir de lacunes généralisées sur plusieurs sources d'amélioration.

Questions possibles Suggestion de pratique ?	Modes de preuve possibles	Posture/Enjeu de l'audit
Quels sont les principaux éléments qui ont fait l'objet d'amélioration continue depuis le dernier audit de certification ?	Revue de direction Bilan de l'analyse des performances et évaluation Tableaux de bord Audit	Sachez apprécier la dynamique d'amélioration continue et la culture santé et sécurité au travail auprès des travailleurs à tous les niveaux
Quelles améliorations de la performance en S&ST en découlent ?	Exemples à produire par l'audité	

◆ Exemples de non-conformités

- Les modalités permettant d'induire de l'amélioration au SM S&ST présentent un déficit (exemple : les seules améliorations ne portent que sur des AC, pas de proactivité à cet égard).
- La participation des travailleurs dans la mise en œuvre d'actions pour l'amélioration continue n'est pas démontrée
- Les résultats pertinents de l'amélioration continue ne sont pas communiqués aux travailleurs et à leurs représentants.

Imprimé en France - JOUVE-PRINT, 733, rue Saint-Léonard, 53100 MAYENNE
N° 2953307U - Dépôt légal : février 2020